I0837708

Serie Inteligencia Artificial para Primates

Las Increíbles Aventuras de S.E.R.G.I.A

(Año Cero: Esto no es un cuento)

Sergio Montoya Chica

-IUPEM-

Título Original: Las Increíbles Aventuras de S.E.R.G.I.A (Año cero: Esto no es un cuento)

1ª Edición – Madrid - 2020

©Copyright by Sergio Montoya Chica

Imágenes libres de derechos: PIXABAY - PEXELS

Editado por CLASE-IUPEM (CLASE – Ideas Útiles para Estar Mejor s.l.)

ISBN: 9798646769122

Dedicado a mi familia
Clara, Hestevan, Marianna y Pablo

A todas las personas
que quieren hacer las paces
con su futuro

Contenido

Sergio Montoya Chica

En constante búsqueda de la coherencia y de cómo estar mejor. Enamorado de mi familia, de disfrutar, de hacerlo simple, del silencio y el sonido, de la quietud y el movimiento en la proporción justa.

Más de 30 años de experiencia como consultor en desarrollo humano y gestión del cambio para personas, grupos y empresas.

- Profesional en Psicología.
  Universidad de San Buenaventura - Colombia
  Universidad Complutense de Madrid – España.

- Máster en Psicoterapia Estatégica Breve
  Instituto Gestalt de Barcelona – España
  Centro di Terapia Strategica. Arezzo-Italia.

- Experto en Psicoterapia en Intervención Transcultural.
  Asoc. Española de Est. Migratorios -España.

- Autor de varios libros

  - Te Ordeno Ser Libre (Otros caminos en psicoterapia breve).

  - Ideas Útiles para Estar Mejor.

  - Más ideas útiles para Estar Mejor.

  - La Cultura de los Engañados.

  - Jalupi de Alvupi

PRESENTACIÓN

Empecemos por el principio. En este libro no vas a encontrar nada original, pero te permitirá entrar a esta "terra ignota". Como dice el nombre de la serie está pensado, ya que yo estoy ahí, para personas que no tienen ni p.i.[1] de los mundos que rodean la inteligencia artificial.

¿Quién o qué es S.E.R.G.I.A y ¿Por qué "esto no es un cuento?

S.E.R.G.I.A (con los puntos entre las letras) es una sigla que significa:

Sistemas **E**ntrópicos de **R**obótica **G**eoestratégica con **I**nteligencia **A**rtificial.

Cada una de estas palabras requiere una explicación, así que lo haré en el primer capítulo. Para facilitar mi escritura y posiblemente también tu lectura, le quitaremos los puntos y de ahora en adelante nos referiremos simplemente como **SERGIA**, como si fuera el nombre propio de una entidad. No es exactamente así, pero nos valdrá por el momento. Hablar de Inteligencia Artificial (IA), robótica y algunos "palabros" de aparente nuevo cuño, parece cosa de ciencia ficción, que todavía lo es, pero cada vez menos.

---

[1] P.I. = Puta idea. Acostúmbrate a las siglas porque las verás por todo el libro.

Por eso he querido advertir que "esto no es un cuento". No solo porque no está escrito en forma de cuento, sino porque además debemos abandonar (y rápido) esa otra acepción de "cuento" que significa algo ficticio, de la imaginación, algo que en realidad no pasa.

SERGIA es un proyecto personal de acercamiento a la nueva revolución de la humanidad. O por lo menos, a lo que muchos autores coinciden en llamar el principio del fin de la Era de la Humanidad.

No voy a disculparme por la "coincidencia" del nombre de mi proyecto con el de mi nombre de pila. Ha sido a propósito y en principio, tiene una función pedagógica y memorística. Me gusta inventar palabras, siglas, acrósticos, juegos del lenguaje, así que **SERGIA** como acróstico me pareció divertido. Como es una invención mía, las letras significan lo que ya dije, pero he jugado con que cada letra significa otras cosas. Por ejemplo "Super Entidades Robóticas Globalizadas de Inteligencia Artificial". Me gusta igualmente que la I.A. sea un vocablo femenino. Me gusta hablar a las mujeres y a lo femenino que hay en los hombres. Intento escribir de manera incluyente, pero todos los años que llevo como escritor, hombre y defensor (hasta hace un tiempo) de la ortodoxia en el respeto de las formas gramaticales y las normas de la Real Academia de la RAE, pueden hacer que en muchas ocasiones se me salga el machito que hay en mí, y algunos términos que admitirían lenguaje inclusivo, se me escapen. Pido disculpas de antemano.

Año Cero (0) significa el principio de todo, pero no es el vacío. Si no has caído en cuenta, el año cero no existe. Una vez empieza el continuum espacio-tiempo ya estás caminando sobre el año 1. Los años de las personas, de las organizaciones, de la humanidad, los contamos a tiempo vencido. Esto es, cuando cumples un año estás celebrando que han pasado 12 meses de vida y a partir de ese mismo instante está empezando el año siguiente. Este hecho, aparentemente elemental, es pasado por alto con excesiva facilidad, cuando en determinados ámbitos es crucial. Cuando alguien dice tengo 40 años, realmente está "sobre" el año 41, está "caminando", "atravesando" el año 41. En este contexto es una manera de decir que aunque nos parezca a los legos que esto ha surgido como de la nada, lo cierto es que se ha venido cocinando a través de soñadores, pioneros, "locos", poetas, investigadores no convencionales, desde hace décadas. Bien, no divago más.

He decidido hacer este primer libro sobre los **SERGIA** porque me declaro, como acabo de decir, lego en la materia. Lego no significa totalmente ignorante (vacío) pero casi. No es un truco de marketing, ni una falsa modestia. Mis acercamientos al tema son parcializados y poco menos que risibles. Pero…pero… como humano, directamente afectado o "afectable" por los desarrollos de la IA, me declaro autorizado para opinar y reflexionar, desde mi ignorancia. Como dirían los viejos, "la ignorancia es atrevida". Este libro es una muestra de ello.

Mi primera profesión académica fue psicólogo. Me gusta serlo. Siento que ayudo a las personas y a los grupos y a través de ellos me ayudo a mí mismo y a mi familia. Es un co-aprendizaje. Pero no soy técnico, mucho menos en informática, nada o casi nada en matemáticas y casi cero absoluto en cualquier disciplina derivada, relacionada o tan siquiera emparentada con las ciencias computacionales. Pero el tema de la tecnología siempre me ha inquietado.

¿Cómo hacer que la tecnología esté al servicio de la evolución del ser humano, y por tanto de la humanidad, dentro de una visión sistémica?

Y aunque llego tarde, muy tarde, a plasmar algunas de mis inquietudes al respecto, en el año 2019 dije no lo pospongo más, quiero aprender y escribir de este tema. Lo tenía aplazado desde mediados de los años 90. En otra ocasión cuento de donde surge mi inquietud. Para mi círculo más cercano venía diciendo hace más de 20 años que los profesionales de las humanidades o ciencias sociales estábamos muy callados sobre las implicaciones del desarrollo de la informática y que, como en muchas ocasiones, íbamos a llegar tarde. Creo que llegamos tarde, pero espero que, como dicen en las películas, no "demasiado tarde". Hoy en día existe una pléyade de filósofos, psicólogos, sociólogos, antropólogos y pensadores de todo tipo, que no siendo del mundo estrictamente técnico, han empezado a llamar la atención acerca de las implicaciones éticas, sociales, psicológicas del avance del desarrollo de las IA's. Sí, en plural.

Entonces la primera advertencia es que este libro está escrito por un psicólogo inquieto con el tema, no por un experto técnico de IA.

Lo que vas a encontrar aquí son más preguntas que respuestas. De hecho, pensé en titular este libro: "Inteligencia Artificial: Preguntas Iniciales". Son muchas las preguntas, y por lo que he podido leer, estudiar, ver, muchas de ellas son preguntas retóricas, otras tantas con respuestas parciales y otra buena cantidad, sin respuesta.

Así que podríamos ver este panorama de varias formas:

El primero es que es un libro para "memos", o para "dummies", pero no quería utilizar este término por miedo a algún problema legal. Si no sabes nada de inteligencia artificial o si sabes algo, haces parte de mi equipo. Si eres una experta o experto en las implicaciones ético-filosóficas de las IAs, probablemente mis preguntas te resulten muy triviales. Y si eres un experto informático, ingeniero programador, espero que le eches un vistazo, porque este libro pretende ser justamente un pequeño grano de arena a esa solicitud tácita y explícita de los desarrolladores que pedían que personas del mundo de las humanidades se metieran a opinar sobre el asunto. Esta es también la explicación de porqué he puesto el libro casi a precio de coste, tanto en la versión digital como en la versión física. Me interesa la divulgación más que el negocio. Si algo se gana, bienvenido, pero lo primero es crear una masa de personas inquietas en el asunto para poder hacer preguntas cada vez más sesudas que no se queden en el aire, sino que obligue a los grandes capitales a responder a las mismas.

El segundo panorama tiene que ver con lo de "terra ignota". Piensa en este libro como cuando llegas a una nueva cultura donde no hablan tu idioma. Hay algunos referentes simbólicos y lo gestual siempre ayuda, pero para entender qué está pasando necesitas prácticamente empezar de cero. Éste es el capítulo cero del año cero de tu trasegar en el increíble mundo de los SERGIA. Lo que pasa es que si esperas ir dando pasitos al ritmo de un año calendario, ya te digo que irás muy tarde. Piensa en hacer un año por lo menos en lo que sería un mes calendario. Y aun así, creo que no llegaríamos. El desarrollo de las IA's va tan rápido que como no espabilemos ni lo veremos. Simplemente nos aplastará y ni misericordia tendrán por nuestros huesos machacados.

El tercer panorama tiene que ver con esto último precisamente. Piensa que estás en un cruce de caminos. La mayoría de nosotros nos enfrentamos al segundo cruce, pero para las nuevas generaciones es apenas el primero. Los de mi generación nos enfrentamos hace muy poco, unos 30 años como mucho a la bifurcación de lo analógico y lo digital.[2]

---

[2] El famoso beisbolista y "filósofo popular" Yogi Berra dejó algunas frases que podrían considerarse joyas de la sabiduría silvestre. Una de ellas dice "Cuando encuentro una bifurcación, la cojo".

Me gusta esta imagen porque toda la humanidad está representada en ese niño. Hemos tenido que convivir, no sin dificultad, entre los analógico y lo digital, pero lo digital ha ido ganando la partida casi por K.O. Las y los nostálgicos (que somos las personas mayores básicamente) añoramos algo del romanticismo de lo analógico, pero es solo eso, nostalgia. Podemos devolver un casete con un bolígrafo, pero mientras nos cae la lágrima ya estamos añorando dar un comando de voz para que se ponga la canción preferida en instantes.

Esta segunda encrucijada es un poco más compleja que la anterior. Lo primero es que a quienes les tocará enfrentarla de manera más directa probablemente todavía no han nacido o lo estén haciendo en este momento. El que haya solo dos opciones es una "terrible simplificación". Realmente hay otras vías y ramales de estas vías principales. Hago esta reducción con fines meramente explicativos, pero por favor no caigas en la trampa del simplismo. El asunto es verdaderamente complejo.

Se parece un parece un poco más a esto, pero ni siquiera:

Los "dos" caminos a los que nos enfrentamos son:

INDICOMABO[3] e INDICOMAMECO[4]. Para facilitar mi referencia, les llamaremos el "BO" y el "MECO". Son los caminos actuales entre los que tenemos que elegir.

---

[3]**In**dustria **Di**gital para el **C**onsumo **M**asivo de los **B**orregos.

[4]**In**dustria **Di**gital para el **C**onsumo **M**asivo de los **M**edianamente **C**onscientes.

Hay una tercera "vía" que no es propiamente un camino.

Se llama CRECAREBOPEMECO[5].

Como esta sigla me quedó imposible, vamos a llamarles simplemente "Les Dueñes".[6]

Retomando el tercer panorama, al que te enfrenta este libro es saber si eres un "caminador" de BO, o un caminador de MECO. Dudo mucho que alguno de Les Dueñes, esté leyendo esto, así que paso de ellas y de ellos. Estarán presentes, pero como los titiriteros detrás del telón.

Si aún no te ha quedado claro, y como una de las motivaciones de este libro es tener elementos para desarrollar pensamiento crítico, las realidades actuales nos impelen a seguir siendo borregos de consumo digital sin ningún tipo de cuestionamiento. O si vamos a ser, por lo menos, de los que harán el ejercicio de plantearse algunas preguntas, para tener la ilusión de no tragar entero.

---

[5] **Cre**adores de **Ca**minos y **Re**alidades para **Bo**rregos y **Pe**rsonas **Me**dianamente **Co**nscientes.

[6] Jajajaja, no vean cómo me río escribiendo estas bobadas. ¿Bobadas?. Bien, lo de "Les Dueñes" se refiere a quienes son propietarios y creadores de los caminos. Son los dueños y dueñas de las corporaciones. Si su capacidad mental no les da para crear realidades, su bolsillo sí y suelen tener un "ejército" de personas trabajando para ellos creando las realidades que luego los INDICOMABOS y los INDICOMAMECOS tendremos que vivir a la fuerza. Señoras y señores, creo que se me va la pinza.

Lo de dos caminos es un truco falaz, creado por tontos optimistas como yo. Realmente todos hemos tomado obligatoriamente el camino BO. Es nuestra particular y actualizada "Cultura de los Engañados".[7]

Perdona lo largo de este preámbulo pero quiero compartir contigo las sensaciones que he tenido al adentrarme en este mundo de una manera un poco más sistemática.

En cuanto a la estructura, este libro tiene tres partes.

La primera está referida a la explicación de lo que implica SERGIA.

La segunda, y bloque central del libro, es la recopilación de 12 artículos que escribí durante la segunda mitad del 2019, como mi particular ejercicio de coqueteo con las IAs, especialmente con sus implicaciones éticas.
Hoy en día existen varios (tampoco muchos) buenos documentales acerca del avance de la IA. Así que me plantee escoger solo uno de ellos y a partir de ahí, generar las preguntas.

Escogí el documental de Discovery Channel denominado "Inteligencia Artificial -IBM". Lo puedes ver fácilmente en Youtube. Por lo menos hasta el momento en que escribí

---

[7] Éste es el nombre de mi segundo libro, publicado en 1998, y del cual hice una revisión y nueva edición en 2019. Lo consigues, ¡como no!, en Amazon, la nueva tierra prometida para "BO's" y "MECO's".

estas líneas. Debo aclarar desde ahora que no trabajo para ninguna de estas tres compañías. Las referencias tanto al canal, como a la empresa tecnológica, como a la plataforma de vídeos es meramente con interés divulgativo y de aprendizaje y no devengo ningún tipo de beneficio por mencionarlas. Por lo menos hasta el momento en que escribí estas líneas.[8]

En el epílogo intento vislumbrar algunos de los retos que deberíamos plantearnos como personas, en el ámbito individual, de familia, de comunidad y como representantes de la humanidad.

Como ya se habrán dado cuenta, el acercamiento a estas realidades de la IAs tiene un acento muy personal. Espero que algunas de mis preguntas hagan que te pases de BO a MECO. Probablemente es a lo máximo que podemos aspirar.

Es una lectura fácil, y espero que entretenida.
Gracias por estar aquí. Bienvenida, bienvenido, a las increíbles aventuras de SERGIA.

Recuerda: Esto no es un cuento.

---

[8] Jajajajaja, ¡madre mía!

PRIMERA PARTE

S.E.R.G.I.A.

1. Sistema

La palabra "Sistema" es ahora de uso común, pero hasta hace apenas unos años ni siquiera entraba en el léxico de los más doctos, aunque ciertamente no es una palabra joven. Probablemente los ingenieros de sistemas tendrán una historia más cercana y mucho más precisa. Como yo me enfoco en el área de las humanidades, cuento la historia como la he estudiado. Digamos que es la versión resumida para novatos. En cualquier diccionario de etimologías de las palabras, encontrarás que la palabra viene del latín y del griego que significa "conjunto" pero que es un derivado de la palabra *"synistánai"* que significaba a demás reunir, constituir, componer.

Uno de los impactos más grandes de esta palabra se produce en la primera mitad del siglo XX cuando el biólogo Ludwig von Bertalanffy escribió "Teoría General de los Sistemas" como una propuesta de cambio de paradigma científico que superara la mirada mecanicista positivista que dominaba el panorama científico y que se concretó en modelos como el condicionamiento clásico de Pavlov y conductismos de Watson en la psicología.

Según O'Connor y McDermott "un sistema es una entidad cuya existencia y funciones se mantienen como un todo por la interacción de sus partes".[9]

---

[9] O'Connor, Joseph y McDermott Ian. Introducción al Pensamiento Sistémico. Editorial Urano. 1998. Pág. 27.

El mismo Bertalanffy reconoce, en la introducción de su libro, que ya se viene hablando hacía tiempo de los "sistemas", "la teoría de los sistemas" o la "ciencias de los sistemas", pero es su presentación de esta característica como un cuerpo teórico y metodológico integrado, lo que causa un gran impacto en la comunidad científica, influyendo de manera definitiva a las psicologías y a las disciplinas técnicas.Desde ese primer momento Bertalanffy sabe que se enfrenta a una confluencia entre lo tecnológico y lo humanístico, porque lo que un sistema explica es cómo las partes que componen una estructura funcionan de manera interactiva e interdependiente y esto puede aplicarse no solo a máquinas sino a estructuras sociales. Específicamente Bertalanffy dice "Se trata, más que nada, de una innovación en ingeniería en el sentido amplio del vocablo, requerida por la complejidad de los «sistemas>> en la tecnología moderna, por las relaciones entre hombre y máquina. La programación y consideraciones análogas que no se hacían sentir en la tecnología de hace unos años, pero que son ineludibles en las complejas estructuras tecnológicas y sociales del mundo moderno. En este sentido, la teoría de los sistemas es ante todo un campo matemático que ofrece técnicas, en parte novedosas y muy detalladas, estrechamente vinculadas a la ciencia de la computación, y orientado más que nada por el imperativo de vérselas con un nuevo tipo de problema".[10]

---

[10] Bertalanffy, Ludwig von. Teoría General de los Sistemas. Ed. Fondo de Cultura Económica. México. Pág. Vii.

Así que si bien, para quienes estamos en este mundo de las ciencias sociales y humanidades, nuestro referente en este tema es Bertalanffy, por la vía del avance tecnológico han de ser otros los inspiradores de los desarrollos. Lo que sí puedo afirmar es que esta "Teoría General de los Sistemas" transversalizó muchas disciplinas, que empezaron a entender las realidades desde otras perspectivas.

Debo mencionar que gracias sobre los sistemas en las personas realizado por el Grupo de Bateson (Gregory) y del llamado Grupo de Palo Alto y alrededores, es que se establecieron las bases de lo que luego pasó a llamarse Terapia Familiar Sistémica.

Como mi interés no es hacer un tratado al respecto de la palabra sistema, voy a abreviar diciendo que al mundo hispanohablante esta visión sistémica solo empezó a llegar a partir de los años 70, y fue consolidándose en las décadas posteriores. Sin embargo, decir a mediados de los 80 (lo digo por experiencia propia), que eras "sistémico" era como hablar chino. Yo me especialicé en una pequeña rama de la psicoterapia que se llamó en su momento Psicoterapia Sistémica Breve y luego con el trabajo del italiano Giorgio Nardone, se conoce su versión actualizada como Intervención Estratégica Breve, que aunque basada en el enfoque sistémico, reniega de éste en algunos aspectos.

Discusión de otro momento.

Volvamos. Casi todos utilizamos hoy en día la palabra sistema, pero en el uso popular no se entiende exactamente su significado y sus implicaciones. Por ejemplo, uno de los más comunes errores es cuando personas que dicen ser consultores, coach, u otro tipo de profesionales confunden "sistémico" con "sistemático".

Aunque es evidente que las dos palabras tienen la misma raíz y nacimiento etimológico, en el uso técnico, por lo menos en Psicología y de las Organizaciones se refieren a dos significados diferentes, que incluso, dependiendo del contexto, pueden incluso ser contradictorios. "Sistemático" es una forma de actuación ordenada que confirma unos patrones que se repiten periódicamente. Puede tener connotaciones de protocolo, de rigurosidad, de disciplina. "Sistemático" es una manera de hacer ciertos procesos. Por su rigidez, o por su inherencia a referirse a seguir unos determinados pasos, podemos llegar a la situación de que una actuación "sistemática" puede no ser sistémica". Pensar sistémicamente significa ver la realidad en su conjunto y ser capaz de ver cómo las partes interactúan para crear características nuevas que no pueden ser achacadas a la naturaleza o las características individuales de las partes. He propuesto en otros escritos que incluso personas y profesionales que se jactan de *pensar* sistémicamente, no *actúan* sistémicamente. Mi propuesta es que no solo hay que pensar sino actuar sistémicamente. La actuación sistémica (que no sería posible si previamente no hay una vaga orientación al pensamiento sistémico) implica no solo una manera de hacer las cosas sino también consolida un tipo de ética que constituye, desde muchos puntos de vista, un aporte a la evolución de la humanidad. Lo digo sin ambages y tomando partido. Quien no piensa y actúa sistémicamente provoca más problemas de los que intenta solucionar. Cuando una persona, en especial una lideresa, o un líder, toma una decisión con una visión sistémica hace el ejercicio de calcular cuáles son las repercusiones de tal decisión y reorienta su comportamiento (y su visión) dependiendo del resultado de este análisis.

Un ejemplo cruel: un ingeniero civil con visión sistémica puede calcular las repercusiones medioambientales de una obra y recomendar que no se construya tal infraestructura porque los daños serán muy graves para el ecosistema, a pesar de que para las constructoras de la obra puedan ser beneficiosa. Un empresario sin visión sistémica, y por encima de la cadena de mando de este ingeniero, se saltará su concepto profesional, mandará a construir, digamos una presa, y le importarán poco o nada las repercusiones ambientales o sociales de la construcción. Poco importan las alteraciones del curso milenario del río, el desplazamiento de las poblaciones rivereñas, las alteraciones de los hábitats de los animales o la deforestación inevitable en este tipo de obra. Por favor, mantén la perspectiva de las excepciones. Solo quiero hacer una ilustración de qué puede significar la ética con visión sistémica o sin ella. Aprender a ajustar las decisiones porque eres capaz de ver el conjunto de la situación, la relación entre las partes involucradas y las potenciales cualidades emergentes de dichas relaciones es tener un pensamiento sistémico.

O'Connor y McDermott de manera coloquial señalan algo más trivial. Dicen que un sistema no es un "montón" y proponen la siguiente comparativa:

Un sistema[11]	Un montón
Partes interconectadas que funcionan como un todo	Serie de partes.
Cambia si se quitan o añaden piezas. Si se divide un sistema en dos, no se consiguen dos sistemas más pequeños, sino un sistema defectuoso que probablemente no funcionará.	Las propiedades esenciales no se alteran al quitar o añadir piezas. Cuando se divide, se consiguen montones más pequeños.
La disposición de las piezas es fundamental.	La disposición de las piezas no es importante.
Las partes están conectadas y funcionan todas juntas.	Las partes no están conectadas y funcionan por separado.
Su comportamiento de la estructura global. Si se cambia la estructura, se modifica el comportamiento del sistema.	Su comportamiento, si es que tiene alguno) depende de su tamaño o del número de piezas que haya en el montón.

Aunque sé que no lo lograré del todo, lo que quiero con esta exposición es mostrarles la importancia de los "Sistemas" y porqué es importante desarrollar un pensamiento y una actuación sistémica.

---

[11] Ibid. Pág. 28

SERGIA es un sistema. SERGIA es un Sistema de Sistemas. Pero no es "El" Sistema de todos los sistemas. "Me temo" que "El" Sistema de todos los Sistemas es la existencia misma. Digo "me temo", porque estamos muy cerca de las fronteras de la metafísica. Y cuando llegamos allí, o nos pasamos a ese reino, las probabilidades alucinatorias se multiplican exponencialmente. Si, como lo mostraba la película de las hermanas Lana y Lilly Wachowski, nuestra realidad no es más que una Matrix creada por máquinas superinteligentes que utilizan a los seres humanos como baterías para mantener todo funcionando, entonces ese gran núcleo central generador de la realidad "máquinas" y la Matrix, sería "El Sistema de Sistemas. Pero hasta ahora solo llevamos la "S".

Es importante entender algunas cosas sobre cómo funciona un sistema así que digamos algo más.

Uno de esos aspectos, relacionados con la IA son las llamadas propiedades emergentes de los sistemas. Éstas se forman de las maneras particulares en que las partes del sistema interactúan, produciendo características del sistema no reductibles a las características propias de las partes. Todos los sistemas producen o tienen propiedades emergentes. Y este es otro aspecto que puede ser tenido en cuenta para quien tienen responsabilidades de decisión en una organización. Una propiedad emergente de un sistema puede ser la eficiencia y otro la eficacia. La eficiencia tiene que ver con el desempeño y la eficacia con los resultados.

Bien, pues el gerente junta a dos personas que en principio, por separado son bastante eficaces, pero cuando trabajan en equipo, lo hacen muy bien, el desempeño es óptimo, pero los resultados no son los mismos. A la inversa también puede suceder, juntar a dos personas que en principio son muy buenos trabajadores y cuando les ponen a interactuar de forma interdependiente algunos consiguen resultados y otros se vuelven "malos" trabajadores. Para decirlo de una forma trivial, dos elementos "buenos" no dan como resultado algo bueno. Y viceversa.

En el mundo de la programación y en funcionamientos de los computadores se sabe por ejemplo que los "bugs" son propiedades emergentes no planificadas que se producen cuando ciertos elementos se combinan con otros.[12] Y en el campo de la IA, no hace mucho tiempo saltó la noticia que Google había puesto a interactuar a dos programas con IA y tuvo que desconectarlos porque habían empezado a crear un lenguaje propio con el que se estaban comunicando de forma independiente.

Y éste es el gran reto que tenemos los humanos con SERGIA. Es, en sí misma, un sistema de sistemas, produciendo múltiples propiedades emergentes que sin que los humanos nos demos cuenta, empezarán a interactuar de forma autónoma, sin que podamos hacer nada al respecto.

---

[12] No significa que no sean imputables a alguien por un problema o sesgo en la programación.

Es por supuesto una amenaza, pero también algo impresionante. Ilusionante, dirán otros.

Por último mencionar algunas características de los sistemas y mencionar algunas de sus otras propiedades.

Los sistemas pueden ser simples o complejos, abiertos o cerrados.

Las diferencias entre unos y otros están definidos por la cantidad de partes que la componen y los elementos constitutivos de cada una de las partes que pueden interactuar en un momento dado. Por ejemplo dos partes que interactúan como un sistema, puede ser un sistema simple si las piezas no aportan muchos elementos para la interacción. Igualmente un sistema de muchas partes pero que éstas aportan pocos elementos en la interacción podría ser considerado un sistema simple, aunque bien es cierto que la cantidad puede actuar como un desencadenante de propiedades emergentes imprevisibles. Los sistemas abiertos son aquellos que tienen una interacción de recursos (inputs y outputs) con el ambiente donde están existiendo. Los cerrados por el contrario conforman una unidad casi impermeable a las influencias externas. Mientras que en los abiertos el feedback viene tanto de adentro como de afuera del sistema, en los sistemas cerrados el feedback viene solo del sistema mismo.

Durante mucho tiempo se ha discutido, por ejemplo, si el cerebro es un sistema abierto o cerrado. En lo que sí hay acuerdo es que es un sistema complejo. Los teóricos del paradigma del constructivismo radical o moderno (no confundir con el constructivismo de Piaget) han planteado que la realidad no es algo que descubrimos sino algo que inventamos. Si esto es así, o de acuerdo con esta lógica el sistema nervioso central es un sistema cerrado.

En el estupendo libro de Lynn Segal, "Soñar la Realidad" donde se hace un repaso al pensamiento de Heinz von Foerster[13] se sostiene que:

"Cuando un observador dice que el sistema nervioso consta de los subsistemas independientes sensorial y motor que interactúan con el medio ambiente, no ha comprendido la organización conceptual del sistema nervioso. Como Maturana (Humberto) apunta, el sistema nervioso es '...una red neuronal cerrada de neuronas interactivas...todos los cambio en la actividad neuronal relativa... siempre conducen a otros cambios en la actividad neuronal relativa...Una red neuronal cerrada no tiene superficies de input o de output como rasgos característicos de su organización, ...dado un sistema cerrado, el interior y el exterior solo existen para un observador que lo contempla, no para el sistema...El entorno en el que se sitúa el observador actúa solo como un elemento intermedio a través del cual las neuronas efectoras

---

[13] Heinz von Foerster (1911-2002) Científico y cibernético. Trabajó en el campo de la cibernética y fue esencial para el desarrollo de la teoría del constructivismo radical y la cibernética de segundo orden.

y sensoriales interactúan, con lo que se completa la circularidad del sistema nervioso'. El concepto de clausura neuronal es difícil de comprender. Creemos que el sistema nervioso es abierto, que recibe inputs del entorno. Sin embargo, si, como sostienen von Foerster y Maturana, el sistema nervioso es cerrado, entonces es un sistema 'sin input', lo cual significa que todo su output se convierte en su propio input. Una vez el sistema se pone en funcionamiento, no entra ni sale nada."[14]

No es el lugar para resolver dudas acerca de los alcances de los sistemas, pero sí mostrar la importancia de que entiendas que solo es posible entender la IA dentro del paradigma del enfoque sistémico.

Para entender pues los sistemas debemos acercarnos a su conceptualización. Sirva de ejemplo las características o propiedades que suelen asignársele en la literatura al respecto. Estas propiedades son:

- Ambiente
- Atributo
- Circularidad
- Complejidad
- Energía
- Equifinalidad
- Equilibrio (homeostasis)

---

[14] Segal, Lynn. Soñar la Realidad. El constructivismo de Heinz von Foerster. Paidós. 1994. Págs. 172-173.

- Emergencia (ya lo he mencionado)
- Estructura
- Morfogénesis
- Organización
- Información
- Retroalimentación
- Sinergia
- Cibernética
- Entropía/Neguentropía (o negentropía)

Cada uno de estos elementos y otros cuantos más que podemos listar daría para un tratado, así que les dejo solo la inquietud.

En el próximo capítulo no ocupamos de la entropía.

Para finalizar quiero decir algo sobre la cibernética.

A mediados del siglo pasado, conjuntamente con la Teoría General de los Sistemas, el trabajo de Norbert Weiner, "Cibernética o el control y comunicación en animales y máquinas" y otros estudiosos que empezaron a utilizar dicho término, dieron el marco conceptual para el desarrollo de gran parte de la ciencia computacional actual. En su acepción etimológica Cibernética viene del griego "kybernêtikê" que significa el arte de regular que también debe ser entendido como pilotar o gobernar en general. Es la utilización que popularizaron Weiner y otros autores como Rosenbluth, Cannon, Rachewsky, Bigelow,

McCulloch. En el libro de F. Parra Luna "Elementos para una Teoría Formal del Sistema Social", en 1982, ya advertía sobre las implicaciones que el desarrollo de la Cibernética tendría sobre nuestras organización social, citando a Asimov(1979):[15]

"Si el hombre, eventualmente, llega a producir una máquina, una criatura mecánica, igual o superior a sí mismo en todos los aspectos, inclusive en su inteligencia y creatividad, ¿Qué es lo que ocurriría? ¿Reemplazaría al ser humano como el organismo superior en la tierra ha reemplazado o subordinado a los menos adaptados a lo largo de la historia de la evolución? Es un pensamiento desagradable: lo que nosotros representamos, por primera vez en la historia de la vida sobre la tierra, es una especie capaz de elaborar su posible sustitución. Por supuesto, podemos evitar tal contingencia al impedir la construcción de máquinas que sean demasiado inteligentes. Pero, no obstante, es tentador construirlas. ¿Qué mayor logro podría haberse alcanzado, que la creación de un objeto que sobrepasara a su creador? ¿Cómo podríamos consumar la victoria de la inteligencia sobre la naturaleza de forma más gloriosa que transmitiendo nuestra herencia de forma triunfal a una inteligencia mayor, elaborada por nosotros mismos". [16]

---

[15] Parra Luna, F. Elementos para una Teoría Formal del Sistema Social. Editorial Complutense. 1992. Pág. 387.

[16] Asimov, citado por Parra en Elementos para una Teoría Formal del Sistema Social. Op. Cit.

Voy a utilizar la definición del Dr. Félix Fojo, que aparece en su libro "Caos, leyes raras y otras historias de la ciencia", porque por su simpleza nos puede dejar claro qué es la Cibernética. Como he dicho el trabajo de Weiner aplicó este concepto de origen griego a "las ciencias de la información que tratan con sistemas no triviales, o sea, sistemas muy complejos como la economía, los seres humanos, la guerra, etc., para controlarlos y llevarlos de alguna manera a buen término. La Cibernética es una ciencia multidisciplinaria que incluye aspectos de la computación, pero es más extensa y compleja que ella. Además, la Cibernética necesita de la información y se basa en la retroalimentación. ¿Qué es la retroalimentación? Es un efecto que vuelve a influir sobre la causa, modificándola positiva o negativamente. La robótica y la computación, tienen que ver con la cibernética, pero esta última las incluye y las rebasa. La Cibernética interactúa con la informática, la lingüística, la teoría de sistemas, las ingenierías, la semiótica, la inteligencia artificial, la teoría de juegos, las ciencias biológicas y sociales, las matemáticas y muchas otras ramas de las ciencias. Desde los años 70 del siglo XX se habla de una Cibernética de segundo orden que incluye el estudio del propio observador y de sistemas ya creados, como la sociedad o la genética".[17]

Intentando simplificar más aún. Piensa en una persona. Una persona es un ser complejo, responde de múltiples maneras

---

[17] Fojo, Félix. Caos, leyes raras y otras historias de la ciencia. Ed. Paralibros. Págs 84-85.

ante determinados estímulos. Gracias al feed-back, una persona establece un circuito de control con el ambiente que le permite ajustar su comportamiento a partir de las entradas (inputs) y las salidas (outputs) de esta persona. Todo este flujo de información y la autorregulación que hacen las personas para utilizarla adecuadamente es la Cibernética. Pero como dice Fojo, es mucho más compleja, ya que los sistemas, personas, aparatos que utilizamos pueden tener infinidad de variables y por tanto se hace necesario calcular qué es exactamente una entrada y una salida. Los sistemas triviales (simples de ver, entender y de construir) son aquellos donde las entradas son muy pocas y por tanto las respuestas también tienen un número reducido. Piensa en un reloj despertador antiguo, no digital. Es un mecanismo simple. Tiene unos elementos, puedes programar con una manecilla para que cuando las otras dos se muevan a la posición programada (input) ésta emita una respuesta (output) disparando unos pequeños mecanismos que le darán a la campana que sonará a la espera de que la pares. Paramos el despertador (esta es una nueva entrada para el reloj), le damos cuerda y el mecanismo se vuelve a armar hasta que vuelva a llegar hasta la posición programada.

Existen cientos de sistemas triviales que podemos entender a partir de la interacción de sus componentes. El siguiente es el esquema tradicional, que podemos entender más o menos los no iniciados. Recuerda que esto es una simplificación con fines didácticos.

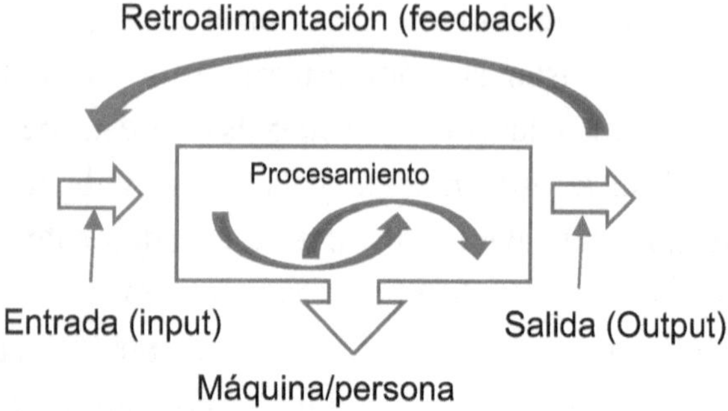

La Cibernética estudia el flujo e interacción de la información en un sistema a partir de la autorregulación. La relación puede ser entre un humano y otro humano, un humano y una máquina y, por supuesto, entre una máquina y otra máquina.

Ahora puedes deducir fácilmente que sin los aportes de la teoría general de los sistemas y de la Cibernética no se habría tenido una base para entender los procesos de interacción e interdependencia de los organismos y las máquinas.

2. Entrópicos

Ya que éste no es el libro para hacer las precisiones más técnicas, me puedo permitir una generalización, que requeriría no solo un análisis más detallado sino una serie de experimentos que probaran tal información. Teniendo en cuenta esto, que es una generalización, y por tanto una imprecisión, puedo arriesgarme a decir que todos los sistemas son entrópicos. Esto quiere decir que la ley de la entropía se aplica a ellos de forma inherente a su naturaleza o existencia. Así que, lo siento mucho, es necesario decir algo sobre qué es la Entropía.

Debo advertir como con los Sistemas y con la Cibernética que existe la definición técnica y lo que popularmente se ha colado como aproximaciones al concepto más estrictamente teórico o científico.

Vamos con una muestra del concepto científico.

La entropía es la segunda de las cuatro leyes de la termodinámica y fue formulada en 1824 por el francés Sadi Carnot, a quien se le reconoce como el padre de la Termodinámica. Lo que en un primer momento se plantearon como principios, se les fue dando la categoría de ley con el paso del tiempo. Hoy se les conoce como leyes, aunque algunos investigadores han encontrado algunas excepciones, por lo que objetan que algunas de éstas puedan llamarse leyes.

Esta segunda ley dice que "No es posible diseñar una máquina térmica capaz de convertir todo el calor absorbido en trabajo. Esto significa que la eficiencia o rendimiento de las máquinas térmicas es menor del 100%". En otras palabras, que en la medida en que avanza el tiempo, las máquinas tendrán una pérdida de eficiencia y de orden, siendo siempre inferior al 100% del estado inicial. La sinopsis del libro de Arieh Ben-Naim "La entropía desvelada" (El mito de la segunda ley de la termodinámica y el sentido común), permite entender el concepto de una forma más cercana a quienes no somos físicos e ingenieros. Ben-Naim dice que "la entropía, -término de origen griego que significa transformación- es un extraño concepto que tiene que ver vagamente con el calor y la energía, con el paso del orden al desorden, el aumento de la incertidumbre y la irreversibilidad del caos. Sea como fuere, la entropía siempre parece aumentar. Los físicos, por su parte, precisan que la célebre segunda ley de la termodinámica (la que enuncia la entropía) establece que, en cualquier proceso espontáneo, es imposible convertir completamente el calor en trabajo, pues se pierde parte del calor. Pero por qué la naturaleza se comporta justamente de este modo sigue siendo objeto de polémica, hasta el punto de que, en más de una ocasión se ha dicho que la ley de la entropía constituye uno de los misterios más profundos de la física moderna."[18]

---

[18] Ben-Naim, Arieh. La entropía desvelada. El mito de la segunda ley de la termodinámica y el sentido común. Editorial Tusquets. Serie Metatemas. s.a.

Desde el lenguaje popular (bueno popular en ciertos círculos ya que la palabreja se las trae) se entiende que la entropía es la tendencia de todo en el mundo y en el universo de ir del orden al desorden, del orden al caos. Con esta definición simplificada es fácil ver la entropía por todas partes. Tú lo puedes probar fácilmente cuando arreglas tu habitación. Una vez terminas de hacerlo, empieza de nuevo el proceso de desorden. La tendencia al desorden parece estar por todas partes. En las estructuras sociales, en la organización de las ciudades y de las organizaciones. Sin que lo sepamos, gran parte del esfuerzo humano consiste en reducir la tendencia de la entropía en casi todos los procesos en que participamos e incluso en los que no. La polémica que menciona Ben-Naim es precisamente ésta. Incluso en una hipotética ausencia de la intervención humana, la naturaleza parece regirse por la misma ley de la entropía. La fuerza contraria para que esa entropía no avance se le denomina "Entropía negativa", Negentropía o Neguentropía. Tiene también muchos conceptos complejos que lo explican, pero lo podemos simplificar en que, por un lado todos los procesos que tienden del desorden al orden o la fuerza que hacemos para que la entropía no avance sería negentropía. Bien, nos quedaremos con esto por el momento.

Todo parece indicar que la entropía es incuestionable y efectivamente el universo mismo sigue en expansión. Es imposible revertir ese caos que avanza de manera global, pero al parecer podemos matizar o construir realidades que poseen cierto orden y podemos mantenerlo por un determinado tiempo. Con el tema de las máquinas antes del descubrimiento de la energía fotovoltaica era evidente el principio de la entropía: las piezas se desgastan, las baterías o el combustible se acaba y los elementos estructurales son reemplazados por nuevos diseños. El proceso de todos los aparatos es deslumbrarnos por su novedad y su modernidad para luego ver cómo se van quedando obsoletos. Los paneles solares prometen, y en algunos lugares lo están logrando, un suministro de energía permanente. Hemos mejorado los materiales con los que construimos las máquinas pero los procesos térmicos, ambientales y la oxidación hacen que las estructuras se deterioren. El que creamos que nuestra redención son los movimientos negentrópicos, no es ningún consuelo, lo cierto es que hasta el sol puede fallarnos. De hecho, como todas las estrellas, sabemos que dentro de miles de años nuestro sistema solar no será viable. Pero claro, probablemente no nos preocupamos porque para ello falta mucho tiempo y aún podemos aprovecharlo "sabiamente".

Las dos primeras letras de SERGIA significan que asumo que todos los sistemas están regidos por la entropía y que la negentropía solo puede, y en algunos momentos muy tímidamente, retrasar lo inevitable. Si esto lo aplicamos a la distópica visión de que algún día podríamos desaparecer o ser esclavizados por las máquinas, nos queda el consuelo de que es posible (solo posible) que éstas también acaben sucumbiendo a cuenta de esta ley de la entropía.

En la película Matrix, una versión de esta idea estaba planteada. La realidad que las personas viven no es más que una inmensa simulación. Las personas reales son niños que están en una especie de incubadora viscosa conectados a las máquinas, ya que son la principal fuente de energía. Como explica en la película uno de los personajes centrales, Morfeo, "los humanos ya no nacemos, se nos cultiva para servir como baterías".

3. Robótica

No me detendré mucho en esto, si bien es hoy una ciencia con muchas aristas y especializaciones. En nuestro contexto, el de dummies, acercándose a una nueva tierra, más o menos entendemos que la robótica es la ciencia, investigación y desarrollo de los robots. Ya encontrarán en el camino de esta lectura algunos cuestionamientos, un poco peregrinos si se quiere, acerca de la robótica y el feminismo. He hecho un artículo sobre si los robots tienen género que puedes encontrar en LinkedIn o en mi página web sergiomontoyachica.com.

En Wikipedia puedes encontrar fácilmente que el término viene del idioma checo, proveniente de la obra de teatro R.U.R (ya ven que no estoy solo con esto de las siglas) que significa Robots Universales Rossum, del dramaturgo Karel Čapek. Todo parece indicar que su hermano Josef le sugirió la palabra Roboti. Robota, una conjugación significa literalmente trabajo o labor (con una connotación adicional de "duro" y servidumbre).

Así que para las aspiraciones de los humanos el nombre está muy bien puesto. Es importante que desligues la palabra robot del humanoide o androide. O sea, aquellos robots que tienen forma humana y/o masculina. Cuando escribía el mencionado artículo sobre el género de los robots, y específicamente de los androides, descubrí que ya se usa el término ginoide (o fembot) para describir a aquellos robots con forma femenina. Por supuesto, todos los robots que tengan forma humana o de un animal son espectaculares, pero la robótica tiene muchos tipos de máquinas que no son antropomorfas o zoomorfas. De hecho, estamos inundados de robots de todo tipo y hemos estado conviviendo con ellos casi de manera natural, desde hace unas décadas, aunque con mayor notoriedad en los últimos 30 años.

Así que piensa en todo tipo de artilugio robótico cuando hable de robótica. Es la ciencia que permite hacer máquinas que responden a una programación para hacer de manera mecánica o automatizada determinada actividad. ¡Ojo! con la palabra programación, que como no podía ser de otra manera es una de las protagonistas en esta vorágine terminológica. Pero aún hay más, también puedes dejar de pensar en aparatos físicos y pensar en programas de ordenador. Los bots, a secas, o los chatbots están a la orden del día, gracias por supuesto a la otra estrella y sentido de este libro, la Inteligencia Artificial. El avance de la robótica actual se ha disparado gracias a la IA. Los robots dejan de ser máquinas o sistemas triviales para ser cada vez más complejos, hasta el punto que hoy en día no concebimos los robots sin IA, aunque hace apenas unos años podía hablarse de manera separada. Y por supuesto, no puedo dejar de pensar en la nano- robótica. No teoricemos demasiado, "nano" significa muy pequeño y desde hace unos años vienen prometiendo ser parte de la gran revolución de la robótica y de la IA. Imagina miles de nano-robots que pueden ser programados (de nuevo esta palabra, ponle un asterisco, luego te digo por qué) para reparar una estructura (o para comérsela), desde materiales inorgánicos hasta orgánicos. Las promesas en la ciencia médica y en la erradicación de enfermedades, en las intervenciones militares y en muchos otros ámbitos son espectaculares, inimaginables.

El panorama actual es que cualquier área del quehacer humano es susceptible de ser ejercido por un robot. Otra cosa, por ahora, puede ser la eficiencia, el rendimiento, la eficacia de estos robots, pero ahora se están usando para casi todo. Por supuesto, no podemos desconectar el análisis de…

¿Qué personas y qué países pueden acceder a robots que sean algo más que entretenimiento (móviles) o juguetes?

Y, tenlo presente, esta "R" también puede ser utilizada para recordar el otro gran concepto que abarca todo cuanto hacemos en estas nuevas realidades: Red. Y con Red me refiero al Internet y a las Redes Neuronales. ¡Tela!.

4. Geo-estrategia

La **"G"** de **SERGIA**, he decidido que signifique "geoestratégica" pero igualmente podría asumir que significa global o globalizada. Y aquí tengo que dejar salir mi vena "conspiranoica", aun sabiendo que eso me puede hacer ver menos riguroso, aún, de lo que ya soy. Si nos lo conoces, el adjetivo "conspiranoico" es una especie de mutación de la palabra *paranoico*, un trastorno mental cuyo principal síntoma es el delirio de persecución, mezclada con la parte más siniestra de la palabra "conspiración". Aunque un grupo de amigos se pueda aliar secretamente (conspirar) para hacer una fiesta a alguien del grupo que cumpla años, la evocación popular de la palara alude a algo negativo, dañino, fuera de la ley, por supuesto secreto, pero que tiene un fin concreto. Aunque es posible que haya personas que conspiren solo por el gusto de conspirar, la idea de hacerlo es porque se busca un objetivo particular: desestabilizar una organización, desarticular o neutralizar posibles amenazas, conseguir beneficios económicos (¡¿cómo no?!), provocar cambios en determinados órdenes y todo cuánto puedas imaginar, que requiera la participación de por lo menos dos personas y deba manejarse en secreto, mientras se dan los pasos para asestar el golpe final que llevará a la consecución, o no, de la meta. El término "conspiranoico" alude pues a una persona que siente que existen alianzas clandestinas de todo tipo que tienen planes para provocar cambios radicales en ciertos grupos, un país o en el mundo entero.

Se le llama "conspiranoico" a aquella persona que a partir de ciertos datos emite hipótesis tendenciosas que sugieren que un grupo de personas u organizaciones están conspirando sin la supervisión de los organismos legales o fuera de la luz de la opinión pública.

Pero, cabe la pregunta…

Si una persona inicialmente "conspiranoico" finalmente encuentra datos que demuestras que sus hipótesis son correctas… ¿Seguiría siendo un conspiranoico?

Este tema no es menor. Cientos de películas y documentales, están basados en esta idea de las alianzas y corporaciones secretas que manejan, o pretenden manejar, los hilos de la humanidad a su antojo. El espectro de análisis es muy amplio y podría ser una serie de libros en sí mismo.

Hazte la pregunta…

¿Crees que hay personas o grupos que se reúnen con cierto secretismo para implementar acciones que puedan tener un impacto estratégico en determinados grupos?

Un poco de sentido común, sugiere que sí.

Los mismos consejos de administración de las empresas funcionan un poco así. De hecho, dependiendo del sector económico, los acuerdos de confidencialidad pueden ser más o menos estrictos, más o menos determinantes para el buen desempeño de la corporación. Así que los secretos parecen inevitables. Que unas personas se reúnan a compartir información privilegiada con el fin de armar planes que les permita sacar provecho de dicha información, también parece más que evidente. Por tanto, parece que tampoco es descabellado ser por lo menos un poco "conspiranoico" si se quiere desarrollar un cierto pensamiento crítico. Lo contrario a esto sería la ingenuidad. Creer que las personas que se reúnen en secreto realmente quieren el bien común y que no hay motivos para sospechar que éstas, generalmente ricas e influyentes, se puedan reunir para provocar males masivos, parece rayar en una inocencia extrema. Solo como un ejemplo mencionemos el mediático (ahora) Club Bilderberg.

El Club Bilderberg

Hay cientos de organizaciones secretas que son herméticas, que se blindan a la prensa, o que como son secretas no las conocemos (¡Obvio!, Jajajaja). Así que como no es posible saber lo que pasa dentro de ellas, solo queda especular, que haya una fuga de información por alguno de sus miembros o que alguien se pueda infiltrar y desvelar todo lo que sucede dentro. Hay organizaciones "secretas" que sabemos que existen, se reúnen, hablan de "cosas", ¿toman decisiones?, pero que no trasciende el contenido.

Probablemente uno de los grupos más famosos de los últimos años sea el Club Bilderberg. Y por supuesto, el personaje clave acá es Daniel Estulin, un analista ruso (nacido en Lituania) de contraespionaje que viene señalando, denunciando, poniendo en evidencia a este grupo y cómo desde éste se deciden los destinos de personas y países.[19]

En un principio se trató de desprestigiar a Estulin cuestionando por supuesto su salud mental y si todo lo que decía no eras más que fruto de su fiebre conspiranoica. El trabajo de Estulin, y una exposición más mediática de este club, ha hecho que las reuniones que se celebran anualmente, con grandes dispositivos de seguridad, se vayan abriendo y se conozcan por lo menos quiénes son la mayoría de los invitados, dónde y cuándo será la cita. Digamos que hay menos pudor por mostrar que se pertenece o se es invitado(a) al Club Bilderberg.

Yo quisiera que me invitaran, pero lo veo difícil.

¿Quién no quisiera estar en la trastienda de grandes decisiones económicas y políticas que puedan provocar un gran impacto en la humanidad?

---

[19] Es posible que algunas de mis lectoras y lectores me descalifiquen solo por mencionar a este personaje, pero me ha parecido representativo de, por un lado, qué puede significar conspiranoico, y por otros, más allá de la afinidad o no que tengas con sus ideas, de que estos grupos "secretos" existen, actúan, deciden.

Lo de si esas decisiones al final, en las sumas y restas, fueron acertadas o no, o cuántas víctimas colaterales se produjeron, es un argumento que según mi dosis de conspiranoia, no se suele tener en cuenta.

Hoy en día, Estulin, es invitado a ciertos foros a compartir lo que sabe de este club, por todo el mundo. Ha escrito varias obras y se ha convertido en un "super ventas". Son casi 20 obras de Estulin dedicado a revelar precisamente este tipo de organizaciones de "alto standing", y a pesar de lo reveladoras de sus investigaciones, no parece que haya hecho mucha mella en que el mundo se movilice contra este tipo de organizaciones. Cabe suponer (mi tendencia conspiranoica al ataque) que ahora exista dos versiones del Club Bilderberg. La que se cuenta y la otra, la "Super Secreta". Y no sería descabellado pensar en que haya dos reuniones, una oficial, que ya desvelada, para qué nos ponemos a ocultarla, y otra que, obviamente no sabemos. ¡Es broma, esto no pasa!

Parte del problema y el desprestigio de los conspiranoicos es que cualquier hipótesis que se plantee, en cuanto tal, y por absurda que pueda sonar en un primer momento, tiene posibilidades. Hay una coletilla creada por el humorista José Mota en España que refleja de manera simple y genial esta posible pugna entre la realidad y la ficción. Suele decir Mota con varios de sus personajes "Esto no puede suceder… ¿Y si sí?

Bien, para que te hagas una idea transcribiré una de las últimas entrevistas que el periódico La Vanguardia le hizo en 2019 a Estulin. El artículo firmado por Andrés Guerra para este periódico, en su versión web el 29 de mayo de 2019 hace un par de preguntas que me gustaría copiar íntegramente. [20]

Pregunta Guerra:

En otras ocasiones nos has explicado que el papel de España en la geoestrategia mundial es insustancial. De hecho, solo van cuatro representantes españoles. ¿Quién y cómo accede al Club?

Estulin:

"Son unos 120 participantes cada año, la cifra puede bajar a 115 o subir a 130. La tercera parte es para EEUU. Canadá, Reino Unido, Francia, Alemania siempre colocan entre cinco y siete. Después tienes a las grandes organizaciones internacionales, del FMI al Banco Mundial, lo que da unos 12 más. Por eso España tiene un peso de cuatro"

Guerra:
Recuérdanos brevemente qué motivos subyacen en la creación del Club Bilderberg. La idea fue de David

---

[20] Puedes seguir este enlace para ver el artículo completo: https://www.lavanguardia.com/politica/20190529/462547295781/arri madas-casado-club-bilderberg.html

Rockefeller y Bernardo de Holanda y el nombre es el del hotel que acogió la primera reunión.

Estulin:

"Si analizamos los puntos de debate de Bilderberg desde 1954, destaca el intento de dirigir y controlar las divergencias ideológicas entre la aristocracia de Europa y de América del Norte. En la séptima página de la reunión de 1955 se habla de la eliminación de malentendidos y posibles sospechas entre Norteamérica y Europa Occidental. Desde esos inicios, Bilderberg ha sido la representación de las élites de Occidente: financieros, empresarios, banqueros, políticos, multinacionales y conglomerados de medios de comunicación. Nadie puede comprar una invitación para la reunión anual aunque muchas corporaciones lo han intentado. El comité directivo decide a quién invitar. Los criterios no han variado y todos se resumen en personas poderosas y entusiastas del Orden Mundial Único, el que ahora impera".

Guerra:

El año pasado nos decías que el poder del Club Bilderberg se extingue. ¿Cuántos años crees que le queda a esta reunión?

"Es el Club representante del modelo económico basado en el crecimiento ilimitado. El liberalismo es el poder en manos de los banqueros en oposición a la democracia, donde el poder reside en la sociedad. Pero los banqueros no se responsabilizan si hay una quiebra. Bilderberg, la Comisión Trilateral, el CFR, el Banco Mundial y otros, representan un modelo en quiebra que ya no produce crecimiento. Vayamos a la Reserva Federal de EEUU: si eliminas de la ecuación todo el dinero impreso desde 1981 a hoy, el crecimiento es cero. Este modelo ha funcionado mientras han podido ofrecer al mundo crecimiento. Y se acabó. Mientras dure su agonía, Bilderberg continuará pero ya les queda muy poco".[21]

Pensar que hay grupos selectos de personas reuniéndose en secreto, decidiendo por el futuro del resto de la humanidad da un poco de "yuyu", pero son inevitables. La evolución del pensamiento humano, más allá de la evolución biológica propuesta por Darwin, no va al mismo ritmo igualitario. Mientras parece que estamos estancados en la morfología de nuestros cuerpos, el pensamiento toma todo tipo de derroteros. No hay un consenso suficientemente fuerte que se traduzca en acciones conjuntas para conseguirlo. La Declaración Universal de los Derechos Humanos sigue siendo eso, una declaración aspiracional, algo a lo que quisiéramos llegar pero de donde aún estamos muy lejos. Sin negar, por supuesto, lo mucho que se ha avanzado.

Parece que toda esta cháchara no tiene nada que ver con la IA, pero te darás cuenta que sí, y tú misma(o) podrás conectar los puntos.

---

[21] Idem.

Está clara que la importancia geoestratégica o globalizada de la IA es más que evidente. Quien avance rápidamente en el desarrollo de ésta podrá obtener una ventaja competitiva que puede dejar KO a los demás. Y esto, ya no el robotito de turno, sino toda la industria, todo el concepto de la IA, será un factor más para agravar la desigualdad entre países.

¿Qué países pueden desarrollar estas tecnologías?

Fácil. Quienes tengan mucho dinero.

¿Y los demás? Como con la economía global, están llamados a ser consumidores o actores marginales, probablemente, de nuevo expoliados en sus recursos minerales para hacer la materia prima. Y a pesar de las promesas de paraísos terrenales como consecuencia de las comodidades que nos permitirán los robots con IA, el panorama de justicia social en el mundo seguirá igual o empeorará. Si a esto se le suman los irremediables efectos del cambio climático, el panorama puede no ser alentador. Por supuesto, vendrán los entusiastas, optimistas e inversores por supuesto, a decirnos que todas estas previsiones apocalípticas no son más que desvaríos de las mentes calenturientas de los conspiranoicos. Y puede que nada de lo peor que prevemos suceda, pero ¿Y si sí?

¿Es posible pensar que un grupo de personas con muchos recursos (económicos, políticos) estén decidiendo cómo será el mundo gracias a los avances de la IA?

¿Son competidores entre ellos? ¿O pronto se darán cuenta que lo mejor sería crear un Club Bilderberg 2.0 de la Inteligencia Artificial? ¿O ya se están reuniendo?

Recuerda: Aunque al parecer todo en el fondo se reduce a dinero, quién tiene más para poder imponer sus condiciones jugando con los miedos y las necesidades de los demás, sean países o personas, también nos queda la posibilidad de que hayan poderosos(as) buenos(as) que pretendan que todos estos avances realmente, realmente, realmente, contribuyan a una mejora sustancial en las condiciones de vida de las personas en el planeta y en el fortalecimiento de las democracias, que no es otra cosa que un gran consenso sobre qué es verdaderamente el bien común. Los software de código abierto son una esperanza, pero insuficiente. Han permitido que decenas de desarrolladores sin músculo financiero echen a volar su imaginación y su talento informático para crear verdaderas "virguerías" en bots con inteligencia artificial. La importancia de la Inteligencia Artificial en el orden geoestratégico de los países y los inversionistas está aún por verse, pero son fáciles de calcular.

¿La inteligencia artificial puede subyugar a la raza humana? ¿Seremos los humanos esclavos de los robots?

Un fenómeno tiene muchos factores diferentes en juego. Al igual que la visión del mundo humano, y cómo ven y tratan a los demás. Hay una serie de problemas que crea el programa, que afecta cómo nos movemos en la vida real, y cada episodio se desarrolla de una manera diferente. A partir de esto, podemos ver qué tan lejos están dispuestas a llegar algunas de las personas con problemas que están involucradas y de qué lado están en el posible conflicto de intereses. A menudo, tratarán de cambiar su identidad para encajar en la realidad de otra persona.

Si no has entendido el párrafo anterior se debe a que ha sido creado por un bot de inteligencia artificial que a partir de ciertas entradas, un pequeño contexto del tema, es capaz de producir párrafos con algún sentido. Imagina la importancia de esto para la "geo-estrategia". Un pequeño experimento para que des cuenta de la potencialidad de la IA aplicada al campo de la escritura. Puede ser usado para el bien y para el mal. Se teme que esta IA pueda producir informaciones que parecen ciertas y tienen sentido, pero que son producidas al azar por una máquina.

Big Data

Hoy en día no podemos entender todos estos temas sin traer a colación un término que tanto como la IA se ha convertido en un "rockstar" del mundo informático, el (o la) Big Data. Como este es un libro para personas como yo que no tenemos ni p.i. de esta locura de mundo relacionado con las nuevas tecnologías daré una definición no técnica de lo que es Big Data.

Antes de ello, advertir, sugerir y encuadrar que no es posible entender todos los desarrollos de la IA sin tener una idea cercana de lo que es Big Data. Este término se refiere, como lo dice su traducción, a la gran cantidad de datos producidos, almacenados y analizados por la interacción con todo tipo de dispositivos, apps y programas que genere datos personales o de usabilidad de todos nosotros. Es un concepto abstracto porque realmente (como veremos con la IA) el Big Data es un conjunto de acciones que tienen que ver con la administración de esa cantidad de datos generados por medios formales (organizaciones y personas produciendo datos deliberadamente y con una cierta estructura) y no formales, salidos de nuestros hábitos de uso de nuestros dispositivos y redes sociales. La Big Data también usa cierto lenguaje mnemotécnico para que entendamos un poco de qué va. En este caso son las "5 V".

Para entender este concepto los expertos (o divulgadores) usan estos 5 conceptos:

- **Volumen:** Se refiere a la gran cantidad de datos que se generan cada segundo en el mundo digital.
- **Velocidad:** Ante tal cantidad de datos el factor de velocidad de procesamiento y análisis de estos es fundamental.
- **Veracidad:** Uno de los graves problemas actuales es saber en esa jungla de datos cuáles de ellos son falsos y cuales auténticos.

- **Variedad:** Es fácil deducir que ante esta avalancha de información, la heterogeneidad es muy alta. Esto ha llevado a que el Big Data se organice categorizando los datos en estructurados, semi-estructurados y no estructurados.
- **Valor:** Y viene la pregunta, igualmente bastante lógica, qué hacemos con esta información, para qué recolectar todos estos datos. La idea de los grandes almacenadores de datos es que con éstos se puedan mejorar servicios, encontrar soluciones, mejorar la experiencia de los consumidores. El Big Data debe servir para agregar valor, reza el estribillo de este concepto.

Esta última característica es básica para la reflexión que hago durante todo el libro. ¿Qué es valor y quién lo determina?

Sé, desde mi tufillo conspiranoico, que a través de este concepto se están justificando aspectos como la legitimidad de que todas las empresas tecnológicas recojan información de nuestros hábitos, diseñando perfiles de consumo que les permitan ofrecernos publicidad potencialmente más efectiva porque está salida desde los mismo datos que nosotros hemos ofrecido cada vez que accedemos a una web, autorizamos las cookies, hacemos un comentario en alguna red social, le damos un "me gusta", somos escaneados por una cámara de un banco, permitimos nuestra geolocalización, etc, etc. Ese Big Data está almacenado en alguna parte. Usamos la metáfora de la nube para hacernos pensar que está por ahí arriba, como en el éter, pero no es así. Se guardan en grandes centros de datos (cada vez se necesitan más y más) porque el nivel de información que estamos creando es casi inmedible. Un tema relacionado aunque no está en el centro de la discusión es que estos centros de datos también están generando un importante impacto medioambiental que está llevando a estas tecnológicas a ensayar soluciones para reducir este consumo. Centros de datos en el polo norte (o cerca) para que el frío ayude de manera "natural" a mantener la refrigeración de los miles de procesadores que están almacenando nuestra información. O, como el ensayo de Microsoft que ha propuesto (y ensayado) a hacer centros de datos en el lecho marino, pensado también para reducir el gasto energético.

No se puede entender la IA sin el Big Data y hoy en día tampoco al revés. El Big Data está siendo alimentado y siendo cada vez más eficiente gracias a la IA, pero a la vez es la fuente a donde debe recurrir ésta para poder acceder a los datos que requiere, para ser precisamente una IA. Quede claro pues que, aunque, no hablo mucho de Big Data en este trabajo, su presencia está ahí, inseparable. Este mismo libro, y cada letra nueva que se escribe en un ordenador, smartphone, tablet, alimentará directa o indirectamente al Big Data y será utilizado en cualquier momento por alguna IA.

Bien, vamos al lío.

La segunda parte de este libro, y el eje central del mismo es una recopilación de artículos que ya publiqué en mi web y en LinkedIn en su momento. He dejado al final de cada sección la pregunta que hice en los artículos como un intento de que hagas parte de la reflexión. Así que si me lo permites, te recomiendo que entre sección y sección te tomes unos momentos y reflexiones sobre lo que acabas de leer y si te animas puedes enviarme tus comentarios. He corregido algunos errores con respecto a los originales y le he dado un toque a la redacción para que se acomodara al estilo propio de un libro. Están basados en el documental de IBM para la National Geographic, por lo que **mi recomendación en este punto es que pares la lectura**, veas este vídeo y luego puedas contextualizar las reflexiones que hago en esta sección.

Te recuerdo que la intención es dejar más interrogantes que respuestas.

SEGUNDA PARTE

I.A.

INTELIGENCIA ARTÍFICIAL

Como te mencioné en la presentación, esta segunda parte es una revisión y ajuste al lenguaje de este medio, de artículos que escribí durante el 2019 y que puedes encontrar en mi página web.

Estos artículos, siguiendo las recomendaciones de redacción están hechos con la intención de interactuar con quienes lo lean. Es por esto que la intención es hacer cientos de preguntas, muchas sin respuesta con el ánimo de que seamos sujetos activos en la construcción de la reflexión.

Aunque este no es el objetivo de este libro, podrías considerar esta segunda parte como un seminario, de esos a lo que se asiste un fin de semana, donde tienes algunos ejercicios que debes hacer para apalancar el conocimiento y avanzar. Podrías usar estas preguntas para alimentar tu propia reflexión o para que sean las incitadoras de tu propia investigación. Te invito a parar y sacar tus propias conclusiones ante cada pregunta y al final de cada sección. Estoy seguro que así será más interesante esta lectura.

¡Avanti!

1. Conociendo la Inteligencia Artificial

¿Conoces algunos de los beneficios que ofrece la IA?

La "inteligencia" artificial (IA) prometió y promete que cambiará la humanidad como nunca antes lo ha hecho en la historia. Ha habido grandes saltos en el "progreso" de nuestra especie, pero, según los expertos, nada como lo que ya estamos viviendo y mucho menos, como lo que se avecina.

Beneficios potenciales o reales

Me gusta jugar con las palabras, con su etimología, con sus acepciones formales e informales. Las palabras significan algo. Una de ellas es "beneficio". Por su uso popular es una de esos términos que casi todas las personas saben qué significa. Suena a bueno, a bondad, sin necesidad de ir al diccionario. Y aunque el diccionario me gusta, tiene tantas posibilidades de interpretación y de uso que me quedaré con la idea popular de que beneficio es algo que trae algo bueno, viene de beneficiar.

Estos son solo algunos de los resultados que arroja el diccionario de la RAE:

1. m. Bien que se hace o se recibe.

2. m. utilidad (‖ provecho).

3. m. Labor y cultivo que se da a los campos, árboles, etc.

4. m. Acción de beneficiar (minas).

5. m. Conjunto de derechos y emolumentos que obtiene un eclesiástico de un oficio o de una fundación o capellanía.

6. m. Acción de beneficiar (créditos).

7. m. Ganancia económica que se obtiene de un negocio, inversión u otra actividad mercantil. La empresa prefiere no repartir beneficios este año y promocionar el nuevo producto.

8. m. Der. Derecho que compete por ley o cualquier otro motivo.

9. m. Am. Ingenio o hacienda donde se benefician productos agrícolas.

10. m. Ven. Acción de matar y preparar animales para el consumo humano.

¡Abrumador!. Como en casi toda la actividad humana, depende del contexto en que usemos la palabra.

Parece una tontería que me hubiera podido obviar, pero piensa un momento. La IA ofrece montones de beneficios.

¿La IA ha sido desarrollada para beneficiar?

Pero cuando lo piensas unos segundos, la siguiente pregunta es casi obligada

¿Para beneficiar a quién o a qué?

Si nos quedamos en el lado idealista e ingenuo, el sugerente altruismo que propone el Dr. Silva[22] en el video de IBM, la respuesta es fácil: La IA está destinada (fue intencionada, pensada) para el bienestar de la humanidad.

¿No les recuerda esto el optimismo de los descubridores de la energía nuclear, prometiendo que cambiaría, para bien, el destino de la humanidad, hasta que con desolación y sonrojo vieron como destruían a Hiroshima y Nagasaki, en Japón?

¿Y no ha servido el poder nuclear para mantener esta tensa paz mundial, donde las potencias mundiales se vigilan permanentemente pensando que algún loco (o loca) con el poder para apretar un botón desate una guerra atómica?

---

[22] Dr. Darío Gil. Vicepresidente de IA e IBM Q, IBM Investigación. Ese era su cargo en el momento del vídeo que se publicó en septiembre de 2018. A principios de 2019 se conocía la noticia de que IBM lo nombraba Director Mundial de I+D en IBM

Por eso no es pueril preguntarse sobre qué significa la palabra beneficio, o su verbo beneficiar.

¿Estamos hablando de beneficios reales o de beneficios potenciales?

No sé si habrán caído en cuenta que el antónimo de beneficio es maleficio. ¡Ahí lo dejo!

Visto lo visto hasta ahora, las opiniones están divididas. Por un lado, son evidentes, reales, los beneficios en variados sectores, pero por otro, las preocupaciones sobre los potenciales daños son igualmente grandes. Así que estamos en la misma situación de siempre frente a los grandes cambios: ***Adeptos, promotores vs. Detractores, profetas apocalípticos.*** La pregunta es, si ahora sí, (no como hace 80 años con la energía nuclear)…

¿El espíritu" humano, su capacidad de pensar, de trabajar por el bien común, ha evolucionado tanto para tener la capacidad de usar la IA a favor y no en contra de la humanidad?

O como lo ha planteado el Dr. Silva en el video:

"¿Seremos tan inteligentes como para tomar decisiones sobre lo que queremos como sociedad?"

Pareciera que esta pregunta lanzada en esta forma, sugiere que las personas de a pie tenemos algo que decir, algo en que incidir, sobre las direcciones hacia donde debería desarrollarse la IA.

Pero…
¿Es esto realmente así?

¿La gran masa de humanidad podrá decidir sobre cómo quiere que esa IA le ayude?

¿Quiénes están detrás de estos desarrollos?

¿Cuáles son sus intereses?

¿Quién está poniendo el dinero y qué quiere a cambio?

La IA podrá resolver todos los problemas del presente y el futuro

Como dicen algunos de los personajes del video la IA:

"No hay nada que no vaya a tocar" Mark Cuban[23]

---

[23] Mark Cuban: Multimillonario inversionista, dueño del equipo de baloncesto profesional Mavericks de Dallas en Estados Unidos. Además de muchas otras grandes empresas. Saltó a la fama por participar como inversionista "tiburón" en el programa de televisión "Shark Tank".

"Es un renacimiento, es una edad de oro" Jeff Bezos[24]

"Las personas hagan más de lo que harían por sí mismas".
Rodney Brooks[25]

Entre otros, la IA promete resolver problemas o ayudar en
la solución a problemas como:

- ✔ Ser más prósperos
- ✔ Ser más saludables
- ✔ Escuchar y ver mejor.
- ✔ "Dotarnos" de nuevas capacidades
- ✔ Crear nuevas medicinas
- ✔ Aumento en la esperanza de vida
- ✔ Aprendizaje continuo
- ✔ Movilidad individual y urbana.
- ✔ Ocuparse de tareas rutinarias para que el ser humano se concentre en lo "realmente importante".

Como dice Max Tegmark[26] "estamos en esa bifurcación en
el camino en donde si hacemos las cosas bien, con la IA

---

[24] Jeff Bezos: Dueño del emporio de empresas que se agrupan bajo la
marca de Amazon. Se pelea cada año con otros personajes por ser el
hombre más rico del mundo.

[25] Rodney Brooks: En el vídeo lo rotulan como pionero en robótica. Ha
sido director en el MIT de Ciencia de la computación e inteligencia
artificial.

[26] Max Tegmark: Cosmólogo, Escritor y profesor en el MIT.

podemos ayudar a que la vida prospere como nunca antes y realmente saque lo mejor de nosotros"

"Si hacemos…" ¿Quiénes están involucrados en esa posibilidad de hacer algo al respecto?

"Podemos ayudar…" ¿Quiénes tienen la posibilidad de ayudar?

"…saque lo mejor de nosotros" ¿Estamos hablando de una nueva revolución cognitiva como la que llaman los antropólogos cuando los "sapiens" se deshicieron de los neandertales?

¿Estamos hablando de que la evolución del "espíritu" humano está preparado para usar de la forma adecuada el martillo que tiene en la mano, y finalmente fije el clavo en la superficie correspondiente y no le rompa la cabeza al vecino?

Para terminar, me da vueltas en la cabeza la frase del comandante Waterford en la serie del Cuento de la Criada (Adaptación de la obra de Margaret Atwood, The Handmaid's Tale) de "Mejor nunca significa mejor para todos, comenta. Para algunos siempre es peor".

Y tú… ¿qué opinas?

2. ¿Sabes qué es la Inteligencia Artificial?

En la sección anterior dije que aclararía lo de las comillas en la palabra "inteligencia" cuando nos referíamos a la IA.

¿Es realmente "inteligente" una máquina dotada con IA?

¿Puede ser "algo" (objeto) inteligente? ¿O solo deberíamos referirnos a "alguien" (ser dotado de un cerebro mínimo) cuando hablamos de inteligencia?

Pero si contestamos que solo es posible llamar inteligente a "alguien" no a "algo", solo podríamos referirnos a seres vivos, no a aparatos, cosas o, incluso, al mismo reino fúngico, vegetal o mineral.

Hasta no hace muchos años, la inteligencia era una cualidad solo aplicable a los seres humanos. De hecho aún se usa la palabra "animal" como a alguien que no piensa, o que hace brutalidades. Así que no tengo claro que podamos (o debamos) llamar "inteligente" a una máquina o a un programa informático. Uno de los primeros efectos cuando llamas "inteligente" a un aparato es que la dotas de cierta humanidad. De hecho, esa es parte de la búsqueda de los desarrolladores: que estos inventos reproduzcan cada vez con más similitud la inteligencia humana. Pero como ya sabrán, esto es difícil.
También hasta hace apenas unas decenas de años, creíamos que la inteligencia era solo un serie de cualidades derivadas

de una particular forma de procesamiento de la información en los humanos. O sea, solo nos referíamos al pensamiento. Ya había corrientes filosóficas, poéticas y de investigadores que señalaban que "el pensamiento", o mejor dicho "cierta habilidad para pensar de acuerdo a lógicas señaladas como más acertadas, estratégicas o lógicas", no podían ser el único indicador de la inteligencia. Esas corrientes vieron recompensada su reivindicación en la investigación del psicólogo estadounidense Howard Gardner con su libro "Inteligencias Múltiples", donde señalaba básicamente que el "cociente intelectual" (CI) no podía ser el único indicador de la inteligencia de una persona.

Si tú, amiga lectora o lector, aún usas el CI clásico para tus procesos de selección en las organizaciones o para evaluar la inteligencia de las personas de tu entorno, te invitamos amablemente a revisar este supuesto, ya que ha sido reevaluado con creces en los últimos años. Es casi como utilizar a una marmota para predecir el clima.[27]

---

[27] En los últimos años, se han afinado los test de inteligencia y más que hablar de personas superdotadas cuando este índice puntúa alto se ha venido a llamar "persona de altas capacidades". Lo que ha sucedido es que con la explosión de las estimulaciones cerebrales por parte de la tecnología a nuestras hijas e hijos, resulta que el número de niñas y niños que resultaron con "altas capacidades" ha crecido exponencialmente. A tal punto que cabe la pregunta si estos estándares se han relajado, de tal manera que ahora caben más personas en los baremos correspondientes, o las generaciones recientes superan con creces las inteligencias de sus antecesores, o si efectivamente la media de inteligencia (¿De cuál?) se ha aumentado en la población los superdotados son simplemente la norma y habría que buscar sobre ellos a unos que son "super-super dotados.

Tiene su gracia, puede acertar muchas veces, pero no es un método fiable para tomar decisiones, por lo menos para nuestras super mentes científicas. Muchas de las decisiones en las zonas rurales y de mucha población rural en las ciudades se basan en supersticiones, amigos imaginarios y practicas adivinatorias. Aunque parezca raro, la inteligencia está unida a la igualdad, a la promoción de la diversidad y a los derechos humanos. Muchas personas con mejores posibilidades económicas piensan que quienes son de ciertos estratos sociales o educativos son como animales. ¿Te choca pensar que aún haya personas que piensen así? Pues puedes revisar los informes sobre la pobreza, la explotación humana y la esclavitud en estos tiempos y te darás cuenta que considerar o no inteligente a alguien puede hacer la diferencia en la manera en que te relacionas con esta persona, en cómo las tratas.

Asumamos, sin mayor análisis que tenemos inteligencias múltiples. Si aplicamos el término "inteligencia a las máquinas" también podríamos entonces decir que hay múltiples inteligencias con las cuales dotar a éstas. Pero, por más que forcemos el análisis, cuando hablamos de inteligencias múltiples en los humanos estamos lejos de referirnos a múltiples versiones de software para las máquinas. En los aparatos, cualquiera que sea la versión o la "capacidad" de la máquina solo estamos hablando de una serie de procesos de combinación más o menos lógica de datos que pueden proveer a dichos artefactos de la capacidad de combinarlos entre ellas mismas y producir cualidades emergentes (aprendizaje, "pensamiento propio").

En mi familia tenemos un mantra que usamos cuando alguno de nosotros prefiere la fuerza bruta a pensar: "La inteligencia por encima de la fuerza". Ser "inteligente" puede usarse simplemente como un adjetivo que usamos cuando alguien resuelve un problema con la misma estrategia que yo o con una incluso superior. En dicho caso nuestra expresión de "¡Qué inteligente! Irá con nuestra cara de asombro.

Detente un momento. Piensa a qué le atribuyes tú el concepto de inteligente. Piensa, **para de leer**.

Bien, también hace apenas pocos años estamos dispuestos a asignarle este término a seres vivos no humanos. Esto ha ayudado a que tengamos una especial sensibilidad hacia ciertos animales. Les llamamos animales "superiores" no solo por el tamaño en algunos casos, sino por tener cerebros con una capacidad de "inteligencia" que se asemeja a capacidades básicas de procesamiento y resolución de problemas de los humanos. Ya lo saben, más allá del "snob" actual por las mascotas, muchas personas hemos dicho con respecto a nuestros peludos compañeros domésticos que es como "si solo le faltara hablar". Hoy se habla de animales "sintientes" para darles derechos parecidos a los de los humanos. Cada día avanzan más los movimientos por los derechos de los animales, aunque aún estamos en una especie de caldo ético donde no sabemos exactamente qué debemos considerar y qué no. Por ejemplo, muchos animalistas son carnívoros, lo que es una evidente contradicción ética, pero no para ellos. Muchos veganos y vegetarianos son "especistas". Esto significa que discriminan a los animales según la especie, unos animales deben ser respetados y cuidados, y otros no. ¡Es un lío ético de cojones![28]

En eso estamos ahora, como humanidad y aún falta. Muchos de los pilares de nuestras creencias, principios y valores, están en revisión. Con estas elementales reflexiones podemos volver a la "inteligencia" artificial.

¿Qué es la inteligencia artificial?

Según el Dr. Silva de IBM, la pregunta es:

¿Puedes obtener un comportamiento inteligente de las máquinas, como la capacidad de aprender, ser capaz de razonar?

Está claro que el contexto es la inteligencia que se refiere, de nuevo, solo al procesamiento particular de información. El Dr. Tegmark sugiere que la inteligencia no tiene por qué estar restringida a organismos biológicos. Y Adelyn Zhou,

---

[28] Probablemente como nunca en la historia, la ética y la coherencia están marcando la agenda de las búsquedas existenciales de las personas. Gracias, probable y paradójicamente, al avance de la tecnología que nos ha puesto contra el espejo de nuestras incoherencias y nuestra hipocresía como humanidad.

cofundadora de TOPBOTS[29], que hemos estado interactuando con estas "inteligencias" artificiales desde hace unos años sin darnos cuenta. Sin decir mucho, el Dr. Brooks, lo sugiere todo: "No hay una definición de 'esto es inteligencia artificial'. En realidad es un conjunto de prácticas y piezas que las personas reúnen".

Hereje, como suelo ser, a mí me empieza a parecer que lo que hoy llamamos Inteligencia Artificial pueden ser varias cosas:

✓ **Un anhelo.** Un sueño de reproducir la complejidad de los cerebros, tanto humanos como de otros seres vivos.

✓ **Un conjunto de trucos** hechos por investigadores y científicos de diferentes disciplinas para obnubilar al ser humano actual. Como una especie de "descubrimiento" de América, con el chiste, poco acertado, de que a los indígenas les engañaron con espejitos (de nuevo, discriminación por supuestos grados de inteligencia).

✓ **Una estrategia de marketing.** Como está de moda, como tenemos los oídos atentos a este tema (como yo), me temo que nos meterán muchos "gatos por liebres". Muchos aparatitos que vemos por allí no son más que automatizaciones que no podrían llamarse "IA". Pero

---

[29] Adelyn Zhou: En su web se refiere a ella como una líder tecnológica a la que le apasiona la intersección de blockchain, la automatización y el futuro del trabajo. Es coautora del libro "Inteligencia Artificial Aplicada".

que si hacen su truco y nos deslumbran, los calificaremos así.

Por intentar ser un poco más formales, comparto algunas definiciones que he encontrado "surfeando" por la red:

La Inteligencia Artificial (IA) es la combinación de algoritmos planteados con el propósito de crear máquinas que presenten las mismas capacidades que el ser humano. (Iberdrola)

En ciencias de la computación, una máquina «inteligente» ideal es un agente flexible que percibe su entorno y lleva a cabo acciones que maximicen sus posibilidades de éxito en algún objetivo o tarea. (Wikipedia)

La IA es el intento de imitar la inteligencia humana usando un robot, o un software. Pero es un concepto muy vago, porque existen muchas ramificaciones. Stuart Russell y Peter Norvig diferenciaron cuatro tipos, en 2009: sistemas que piensan como humanos, como por ejemplo las redes neuronales artificiales. Sistemas que actúan como humanos, como los robots. Sistemas que usan la lógica racional, como los sistemas expertos, y sistemas que actúan racionalmente, como los agentes inteligentes. (Juan Antonio Pascual para ComputerHoy.com)

Coloquialmente, el término inteligencia artificial se aplica cuando una máquina imita las funciones «cognitivas» que los humanos asocian con otras mentes humanas, como por ejemplo: «percibir», «razonar», «aprender» y «resolver problemas» (Wikipedia)

Como este libro está dedicado a hacer más preguntas que a dar respuestas, les remito al excelente artículo de Javier Pastor para Xataka sobre ¿Qué es la Inteligencia Artificial?[30] No me fue fácil sacar una definición concreta de este artículo, sin hacer una simplificación injusta del trabajo del autor, precisamente porque parece haber consenso, de que no la hay (o no puede haberla) por lo que te invito a leer el artículo directamente. Sí puedo añadir, con base en lo que expone Pastor, que de acuerdo a lo que hemos entendido por Inteligencia en los humanos, con las IA se está hablando de Inteligencia Artificial "Fuerte", "General" y "Débil (estrecha)". Esta última se refiere a "sistemas capaces de resolver problemas muy bien definidos y acotados". La IA General "que permitiría resolver cualquier tarea intelectual resoluble por un ser humano. Esta inteligencia artificial sería multitarea y podría hacer cientos, miles de cosas distintas bien". Y la IA Fuerte que "posee los llamados "estados mentales", y además es consciente de sí misma. Iría más allá de emular y superar a los seres humanos en la realización de cualquier tarea. Al tomar consciencia de sí misma, sería capaz de (teóricamente) resolver cualquier problema y podría contar

---

[30] https://www.xataka.com/robotica-e-ia/que-inteligencia-artificial

con una experiencia subjetiva propia, o ser capaz de sentir emociones."[31]

Como verán, lo que tratamos en este libro es un "totum revolutum" de las diferentes definiciones de IA. Tegmark lo resume, como la capacidad de lograr objetivos complejos, pero esto se queda bastante corto si tenemos en cuenta que la resolución de problemas, si bien es una capacidad que pondríamos en la lista de cualquier definición de inteligencia, si tenemos en cuenta el paradigma de las inteligencias múltiples, es a las claras, insuficiente. Por un lado los seres humanos somos mucho más que simples "solucionadores de problemas", pero por otro lado, si no es para solucionar problemas, ¿Para qué queremos un robot?

Al empezar a difuminarse los límites de lo que podemos considerar "inteligente", Tegmark sugiere que "la inteligencia artificial es solamente aquella inteligencia que no es biológica". Eso es decir mucho y decir nada. El documental plantea, sin mayores discusiones al respecto, que una máquina se considerará inteligente cuando tiene capacidad de emular los sentidos (vista, audición) y procesar información con el fin de aprender con respecto al mundo al "igual" que nosotros. Este es otro tema de discusión, que por ahora se quedará por fuera de esta sección: Si hay múltiples inteligencias quiere decir que hay múltiples formas de aprender. Es solo una posibilidad decir

---

[31] Idem.

que las máquinas van a aprender "igual" que lo hacemos los humanos o los animales.

Definición Light

Algunas tradiciones de literatura técnica estadounidenses utilizan una manera de definición que puede llamarse recursiva, cuando el área es muy compleja y definirla siempre terminará con un concepto impreciso. Así, por ejemplo, no es raro que digan que la Psicología es aquello que estudian los psicólogos. Con la IA nos pasará lo mismo. No nos interesa mucho si realmente sabemos qué es la IA. Probablemente por tendencia, por moda, nos interesa incorporar el término como una manera de mostrarnos en la vanguardia del pensamiento. Casi con seguridad, de manera popular, nos quedaremos con la versión ligera (light), como en muchos otros aspectos, a pesar de las implicaciones éticas que pueda tener si lo entendemos realmente o no. Al final diremos que la Inteligencia Artificial es aquello que los empresarios, investigadores, desarrolladores y "frikis" digamos que es la IA. Todos y todas creeremos que nos referimos a lo mismo y todos felices en una especie de alucinación colectiva, como es casi todo en realidad. Aunque no es un asunto para tratar en este libro, sí creo importante resaltar esto que acabo de decir. Vamos por la vida creyendo que sabemos acerca de lo que nos rodea, hasta que nos piden que lo definamos. Entonces nos damos cuenta que solo tenemos udeas vagas acerca del asunto en cuestión. La única forma de revertir esto es estudiar un poco el asunto y hacernos una idea más precisa. En el campo de la IA es especialmente inquietante que caigamos en este embotamiento conceptual, cuando está siendo una de las revoluciones más grandes de la humanidad. Éste es otro de los objetivos de este libro. Por ello su simpleza y falta de rigurosidad, con el ánimo de que genere reflexiones en un público común. Con esta idea global de creer que sabemos (pero que en realidad no sabemos) qué es la IA, nos quedaremos. En la medida que avancemos en esta segunda parte, espero que nos vaya quedando más claro o, como es mi anhelo, te queden más cuestionamientos.

¿Qué crees tú que es la IA?

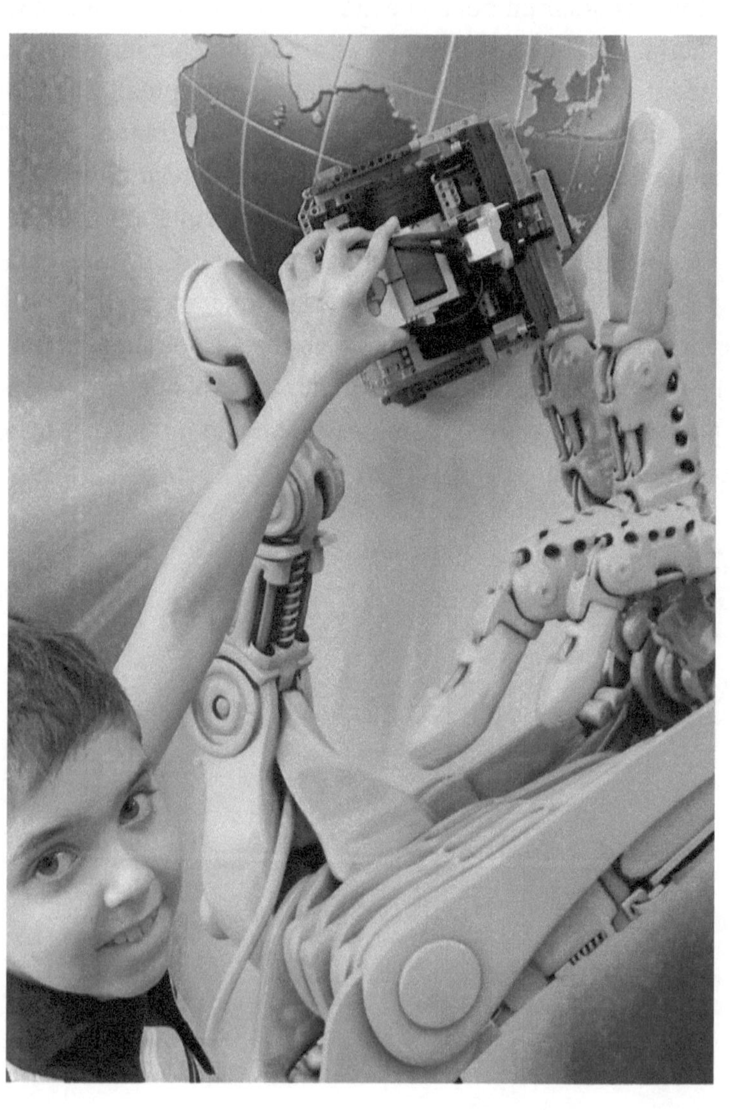

3. ¿Las máquinas comprenden el lenguaje?

En la sección anterior establecí algunas razones para explicar por qué deberíamos, o no, ponerle comillas cada vez que hablemos de Inteligencia Artificial. Podría hacerlo siempre (poner las comillas), pero es engorroso y las comillas siempre te invitan a pensar más allá de la literalidad. Así que a menos que tenga una intención específica de burlarme, cuestionar o admirar cuán "inteligente" es la Inteligencia Artificial (IA), dejaré de usar las comillas. Yo utilizo "inteligencia", con comillas incluso cuando hablo de los seres humanos.[32]

Uno de los elementos que, al parecer nos diferencia de "otras entidades biológicas" con capacidad de procesamiento de información, tanto deliberado como de manera instintiva, es la complejidad de asociaciones mentales que nos ha llevado a desarrollar un lenguaje que nos facilitara la interacción con otras entidades. Sería más fácil decir algo como, uno de las características propias del ser humano es su capacidad de procesamiento de información cerebral lo que le llevó a desarrollar un lenguaje con el cual relacionarse con otros seres humanos y de esa manera creó también las convenciones propias para poder comprender ese lenguaje. Pero ni esa capacidad de comprensión del lenguaje es exclusiva de los humanos, ni somos los únicos seres vivos que tenemos esa capacidad.

---

[32] Redoble, gag, platillos.

Lo que sí podríamos decir, por lo cual sentirnos "orgullosos" como especie es que nuestra particular manera de procesamiento y de comprensión del lenguaje nos ha permitido ser los "amos y amas" del mundo. A excepción de las bacterias y los organismos unicelulares, probablemente los únicos dueños de lo que ha existido y existirá, nuestra supuesta inteligencia, nos ha dado un sello particular, único, dominante. Al final, este sello no es más que una ilusión. Los seres humanos somos más vulnerables de lo que creemos y probablemente la robótica y la inteligencia artificial es otro eslabón en la cadena de factores que lo demuestran, o lo demostrarán.

Otro de los elementos que al parecer nos diferencia (está por verse) es la posibilidad de alcanzar niveles "meta" de nuestras experiencias y fenómenos. Por ejemplo, nosotros pensamos y podemos pensar acerca del pensamiento = Meta pensamiento. Sentimos y podemos pensar y hablar de esos sentimientos para tratar de aclararlos o resolverlos = Meta-cognición. Hablamos y podemos hablar acerca de cómo hablamos, cómo lo estructuramos y de los ajustes que podemos hacer = Metalenguaje. Y así, con casi todo. Algunos autores dicen que los seres humanos somos los únicos capaces de pensar acerca de su propia muerte. Al parecer los otros seres vivos, en especial los animales, pueden pensar, sentir, hablar, percibir el peligro de muerte, pero solo en el nivel directo, en el nivel de la vivencia específica, no sobre el nivel "meta". Se ha visto por ejemplo que los elefantes hacen duelo y parecido a un "velatorio" cuando muere alguien de su manada, pero aún no hay muestras de que simbolicen esa muerte y la conecten con mejores estrategias de supervivencia o con alguna realidad metafísica.

Este nivel "meta" es importante también para las IA.

¿Serán capaces las IA de darse cuenta de su propio proceso de procesamiento? Esto es, ¿Darse cuenta de sí mismas? O lo que es lo mismo ¿Ser conscientes de su existencia? La respuesta es aterradora o entusiasmante. La respuesta es Sí. Conectaré con esta idea más adelante. Por ahora concentrémonos en el lenguaje.

La IA y la comprensión del lenguaje

Como dice el vídeo, uno de los mayores retos de las máquinas con IA es la comprensión del lenguaje.

¿Cómo hacen los asistentes virtuales y robots para entender lo que le decimos?

Esta es, por supuesto, otra ilusión. No nos entienden, reaccionan a una serie de comandos que están asociados a una determinada programación que les permite tener un abanico de posibilidades de respuesta. Cuando responden a dicha programación <u>podemos tener la impresión</u> de que nos entienden. Cuando saludo a una máquina, ella no dice, ¡uy qué amable! ¡Creo que lo mejor es que le responda, de lo contrario puede sentirse insultado, no reconocido o ignorado! Y, después de esta elucubración te dice: "Hola Sergio". Le dirás hola y te contestará con algunas posibilidades programadas. Esta es la inteligencia simple, reactiva, arcaica. Ahora suponte que la máquina sí puede evaluar no solo el comando de voz que le estás enviando sino asociarlo a la experiencia previa que ha tenido contigo. Recordaría si la trataste "bien" o si está "enfadada" contigo porque no fuiste amable con ella la vez anterior. En otras palabras, la comprensión del lenguaje no es solo la comprensión condicionada de un comando de voz, gestos o caracteres, es un complejo proceso donde está en juego el estado actual de la relación, su historial y probablemente las expectativas que tengo en dicha relación.

Si mi jefe me saluda, es diferente a si me saluda un compañero de trabajo o alguien que simplemente pasa por el pasillo de mi oficina. En la comunicación no solo está en juego el qué se dice, sino el cómo se dice, el cuándo se dice, el dónde, el para qué, el con qué se dice. Y todo ello dentro de otros condicionantes ambientales e internos como el estado de ánimo, el contexto, las relaciones de poder entre las personas que se comunican, el nivel de formación (no solo académico sino también emocional), los elementos culturales, el clima de la relación y el tiempo ambiental, entre otros factores. En un diálogo sencillo entre humanos, además de todo este contexto en la comunicación están presentes otros "supuestos" como pueden ser la polisemia, la semántica y la gramática. No es solo que una misma palabra pueda ser utilizada con diferentes significados, sino que tiene unas normas de orden y estructuración que les sirven para darle sentido a lo que estamos diciendo. El chiste, el sarcasmo, la ironía, las claves en la mirada y en los gestos, lo que se insinúa pero no se dice, son retos para los desarrolladores de la IA.

Así que aunque para nosotros y nosotras (seres humanos), una comunicación superficial y aparentemente sinsentido, puede pasar desapercibida, está dotada de una complejidad que no es fácil de ser traspasada a las IA. Si no había quedado clara esta complejidad, a esto debemos sumarle el reconocimiento del tono de la voz, el reconocimiento de nuestras huellas biométricas (pupilas, dedos, tipo de cara). Una vez hecho esto, si saludas a una IA y te contesta por tu nombre, creerás que te ha reconocido. Pero, por supuesto es otra ilusión. No te ha reconocido a ti, en tu compleja singularidad existencial, ha reconocido una serie de patrones que le ha permitido asociar especialmente contigo de tal manera que pueda dirigirse a ti de manera "personalizada".

Miedo a no ser nadie

Aunque parezca algo traído de los cabellos, el triunfo o no, de la IA está asociado a si es capaz de satisfacer las mínimas (y luego las máximas) necesidades psicológicas de los seres humanos. Una de esas necesidades que se transforma fácilmente en niñas y niños, es el miedo a no significar nada para por lo menos un (1) alguien. O sea, el miedo a no ser nadie. A ser ignorado, a ser invisible. Si una IA te "reconoce" y tiene un protocolo de personalización para hablarte a "ti" específicamente, ya te habrá ganado el corazón. No importa lo inteligente que seas. Los humanos, en general respondemos positivamente a la amabilidad de cualquier otros ser (animado o no) que esté dispuesto a reconocer que somos una "entidad que existe". Hace poco compré un robot por unos cuantos euros. La idea era que mi hijo de 12 años lo armara y de esa manera se acercara también a esta tecnología desde otra óptica. Una vez operativo, el robot tiene dos modos: Seguir o esquivar. En el modo seguir te acercas a los sensores que hacen las veces de "ojos" y se va detrás de ti. Y en la otra, cuando detecta un obstáculo, que puedo ser yo, gira hacia un lado u sigue "su camino". En los dos modos, nuestra tendencia ante este artilugio es "¡mira qué bien!, ¡nos reconoce! Ilusión, pura ilusión, pero tenemos esa sensación no consciente de que existimos.

La complejidad de lo simple

La identificación y respuesta a una simple pregunta requerirá una gran cantidad de programación informática (también sabemos que éste ya no será el único camino. Lo aclararé a lo largo esta segunda parte). Si le preguntas a una IA, ¿Cómo te llamas? Estará preparada para decir "su" (el) nombre. Y a partir de allí entablará una conversación. Hasta dónde sé, las posibilidades de conversación aún son bastante limitadas en comparación a las que establecemos los seres humanos, pero se ha avanzado bastante. Existen máquinas que pueden responder "inteligentemente" (de manera coherente dentro de un espectro de posibilidades) cada vez en más ámbitos.

Matemáticas para Algoritmos y Aprendizaje Automático

Como sabrán una de las disciplinas que han resucitado de su peligro de extinción han sido las matemáticas.[33] Un matemático no es alguien que sabe sumar 2 + 2 y le de 4. Es alguien que ante el evento 2 + 2 es capaz de sugerir casi "n" repuestas. No me deja de parecer curioso que para poder desarrollar la comprensión del lenguaje de las IA, hayamos tenido que recurrir a las matemáticas. Es una especie de justicia poética. Después de verse como una disciplina destinada a unos cuantos "raritos", hoy estamos a expensas de que los cálculos y las nuevas matemáticas no nos lleven a la extinción de la humanidad. Desde Pitágoras ya se había insinuado que todo puede ser explicado con matemáticas. Yo soy de la vieja guardia, así que mi pregunta siguiente es ¿Todo?

Un grupo de programadores y matemáticos le dieron "vida al sistema Watson de IBM

Este super programa informático, fue perfeccionado para poder acceder a una cantidad extraordinaria de información de la red y a partir de allí extraer conclusiones que le permitirá dar respuesta de una manera muy singular como

---

[33] Esta es una licencia literaria. Dudo que puedan extinguirse las matemáticas, pero sí que pueden quedarse en ámbitos muy básicos como las universidades, institutos y escuelas. Hoy, las y los matemáticos empiezan a tener características de "rockstar".

la que se hace en el viejo programa de Estados Unidos ¡Jeopardy! En este concurso se dan las respuestas, enunciados o definiciones y las personas concursantes deben contestar haciendo la pregunta que correspondería a esta respuesta. Watson empezó con muchos fallos. No pierdas la perspectiva: Watson no es una entidad inteligente, Watson son las personas que le permitieron ajustar su programación para hacerse cada vez más eficiente. Esto lo hace un bebé en poco menos que una tarde, pero para replicarlo (atención a esta palabra) requirieron mucho esfuerzo.La complejidad de procesamiento que debe hacer Watson es un mérito de quienes lo construyeron. Nos fascina ver todo lo que Watson "hace", pero no perdamos la perspectiva de que posiblemente nos fascina es la emulación de la manera en que los humanos procesamos la información.

Al final las IA desarrollarán su propia manera de procesar esa información y es posible que ya no sea una réplica o una emulación, será su propia manera de "pensar". Es más, es posible cada IA, con capacidad de autoaprendizaje pueda desarrollar un "ecosistema" propio de comunicación que paradójicamente lo habilite para comunicarse con cualquier otra máquina con otros "lenguajes" singulares o, paradójicamente, que solo pueda comunicarse con ella misma. Una especie de IA con autismo o esquizofrenia; un mundo propio.

Velocidad, ilusión de automaticidad

La velocidad de procesamiento no es un factor menor. El diálogo entre los humanos, todos los supuestos que señalé antes, tienen un factor adicional que lo hace más o menos eficiente: El ritmo. En este contexto, es el tiempo en que se produce el intercambio de los factores que están interactuando.[34]

Si te acercas a un compañero y le saludas y, aunque te mire, se tarda más de un segundo en contestar, la situación empieza a ser rara. Cada conversación tiene su propio ritmo. La mayoría de las veces se crea en el acto, pero muchas (¡Oh, cualidad humana!) puede darse en varios episodios. De esa manera podemos retomar una discusión otro día, recuperando parte del ambiente de la conversación original, pero probablemente con otro ritmo.

Si al hablarle a las máquinas o hacerle una pregunta tardan demasiado en contestar, eso no replicará una conversación fluida como tenemos los humanos y juega en contra. No es solo que la IA nos conteste un información particular (sea personalizada o no) sino que también la queremos en el menor tiempo posible. En un diálogo sencillo entre humanos, e incluso entre humanos y sus mascotas hay una sensación de inmediatez, de automaticidad. Estas mismas cualidades son solo desarrollos en las IA.

---

[34] Recuerda que una de las características del Big Data es la velocidad.

Doble cara

Por un lado, la comprensión del lenguaje por parte de la IA nos permitirá desplazar una serie de necesidades psicológicas a la ilusión de tenerlas, cuando los otros humanos no puedan o no quieran dárnosla. Compañía, consejos, respuestas a problemas, asistencia en situaciones difíciles, debates sobre temas existenciales o simplemente una palabra de aliento.

Por otra parte, si las IA aprenden a contextualizar la complejidad involucrada en la comprensión del lenguaje podrán ponernos en evidencia acerca de nuestras intenciones. Podrán detectar si queremos hacerles "daño" y podrán construir una respuesta efectiva ante tal amenaza. Podemos presuponer que tendríamos las de perder si se diera el caso.

Una IA que aprende por sí misma podría fácilmente decidir que las leyes de Asimov acerca de no hacerles daño a los humanos no tiene por qué ser respetada. Si concluye fácilmente, por ejemplo que el homo sapiens es uno de los principales responsables del actual cambio climático, de la extinción de especies o de su propia extinción, podrá buscar la respuesta más lógica entre sus millones de datos de análisis y podrá concluir que no somos seres indispensables para la vida en este planeta.

¿Te emociona la posibilidad de interactuar con una IA?

4. ¿Debatir con una máquina?

¿Tomar decisiones más acertadas?

Como lo sugiere el video (ahora ya no lo tienes que imaginar), los desarrolladores, tienen una máquina capaz de sintetizarte cientos de miles de artículos sobre un tema acerca del cual debes debatir y finalmente tomar una decisión… ¿No sería ideal? ¿Qué de malo podría tener?

Ya he advertido a través del libro que un ocasiones haré de "abogado del diablo", por más fascinado que esté con las posibilidades. Uno de las características del enfoque de sistemas son las llamadas cualidades emergentes. Son aquellas que por un lado no estaban previstas bajo la óptica de la linealidad causal de "a" produce "b" y "b" a "c"; y por el otro, pueden no ser predecibles. Dicho de una manera más clara, cada vez que dos entidades con una sumatoria de cualidades (en nuestro caso, propias de la inteligencia) entran en relación, se producirán "realidades" que solo son posibles en dicha relación y que por tato no pueden ser previstas en su totalidad.

Creando máquinas capaces de debatir…

¿Estamos creando al político perfecto? ¿Cómo rebatiremos una decisión sugerida por una máquina si se supone que sus resultados son el culmen de la lógica y de las posibilidades más racionales ante un hipotético escenario?

¿Podremos como seres humanos evolucionar gracias, o a pesar, de la IA hacia maneras más correctas de pensar, debatir y por tanto de tomar decisiones?

El Dr. Slonim[35] en el video plantea parte de la dificultad desde el punto de vista técnico comparando las "capacidades" de la máquina con relación al ser humano: "Para la computadora es muy difícil entender la pregunta, y para los humanos es exactamente lo contrario, normalmente entendemos la pregunta muy rápido, solo que no tenemos suficiente memoria para extraer todas las respuestas relevantes".

La Dra. Ahoronov[36] pone también el acento en lo complejo de replicar el pensamiento humano. Lo que nosotros hacemos la mayoría de las veces de manera automática, en las máquinas debe programarse. Se le puede proveer al sistema de cada uno de los elementos que necesitará para producir una respuesta eficiente y eficaz ante la decisión por tomar, pero el reto de los desarrolladores no está solo en decirle cuáles son esos factores sino cómo debe unirlos para proponer una respuesta coherente.

Lo que el video muestra es que la maquina (el Proyecto Ponente o "Debater"), después de procesar miles de documentos emitirá un juicio, una opinión o una sugerencia.

---

[35] Dr. Noam Slonim: Investigador, proyecto "Ponente" (Debater - Watson) en IBM Investigación.

[36] Dra. Ranit Ahoronov: Directora proyecto "Ponente" en IBM Investigación.

¿Cómo saber si en realidad es la mejor conclusión u opción ante el problema planteado?

En los humanos (también de manera automática) damos por hecho la falibilidad del sistema, sabemos que quien expone es un ser humano imperfecto, lleno de miedos, taras, condicionantes, expectativas e intereses.

¿Dónde están estas características en la máquina?

Cada documento que el ser humano ha escrito, por más científico que sea está sesgado por algún tipo de interés personal, profesional, social, ideológico. ¿Cómo se deshace o deshará la máquina de esos sesgos para dar credibilidad de que sus conclusiones no están condicionadas por los documentos que ha analizado? La respuesta fácil es, si analiza miles, millones de documentos en un breve período de tiempo no podrá sesgarse porque será el promedio de la suma de todos los sesgos. Un promedio de las diferentes tendencias de pensamiento no es el reflejo de un pensamiento en concreto, es una cualidad emergente del sistema. Esto es, es una nueva forma de "pensar".[37]
Ahora, ¿Qué suele pasarles a los humanos ante las ideas nuevas? ¡Exacto!. Nos resistimos, no nos gusta.

---

[37] Paradójicamente, aterradora o hilarantemente, las cualidades emergentes pueden ser absurdas para nuestras maneras actuales de pensar.

¿Cuánto tiempo pasará para que a las máquinas de debate se les acepten sus conclusiones como la mejor opción posible?

Probablemente ocurrirá cuando la IA no la sintamos extraña, sino parte cotidiana de nuestra vida, pero mientras tanto, por más elaborada que sea la conclusión de una máquina, suscitará toda clase de dudas, por más que sus desarrolladores aseguren que la máquina ha construido su argumentación a partir de variables "objetivas" y por tanto no está sujeta a los sesgos humanos, que además, es justo una de las características que nos hacen precisamente humanos.

¿Qué pasará cuando la mejor opción de la máquina de debate sea éticamente contradictoria con algún elemento, pongamos por ejemplo, de los derechos humanos?

Dejando a un lado mi mente conspiranoica, atendiendo el vídeo, ¿no resulta "simpático" que la conclusión de la máquina de debate sea que se deben legalizar las apuestas deportivas?

¿A ver?

Miles de aparatos captando nuestros perfiles psicológicos saltando en simpáticos "pup-up" sugiriéndonos apostar, y no solo porque nos salga de los cataplines o los ovarios, sino porque X máquina ha argumentado que el "summum" del ejercicio de la libertad humana sea apostar? ¡Hummm!

Ahora, pasa de imaginar a dos "inteligencias" ante un atril tratando de persuadir a un público. Piensa en las posibles "utilidades" o derivaciones de este desarrollo.

¿Cuántas decisiones tomamos en un día? Miles.

¿Y si tuvieras un asistente que te analice todas las posibles opciones y te sugiera la mejor?

¿Cuánto pensamiento crítico tenemos para oponernos a una argumentación bien fundamentada?

El avance de la tecnología ha demostrado que con el paso del tiempo, los humanos integramos ésta a favor de nuestra comodidad. A la televisión sin mando a distancia (control remoto) le siguió el no tener que levantarnos del sofá para cambiar de canal. A este le siguió la posibilidad de comunicarnos con el aparato a través de otros dispositivos portátiles. A esto le ha seguido los comandos por voz, los reconocimientos biométricos; todo para hacerte la vida más fácil, pero que nos deja en una posición aún más pasiva de la que hemos estado siempre.

La película Wall-E mostró esta distopía, seres humanos vagando en un barco galáctico auto-sostenible repleto de los últimos "supervivientes", obesos y obesas seres humanos que podían hacer todo desde una poltrona deslizador, sumidos en diferentes programas de realidad virtual.

¿Una máquina de debate nos llevará a la pereza mental?

¿Sustituirá nuestra responsabilidad legal cuando la decisión del robot nos lleve ante la justicia, o nos enfrente a nuestra pareja ante la decisión de que es mejor el divorcio?

Todo por venir, nuestro mundo está cambiando ante nuestros ojos y nuestra evolución "mental" apenas empieza a despertar.

¿Quiénes están detrás de estos desarrollos?

¿Cuál es nuestra posibilidad de reacción o de proacción al respecto?

¿Quiénes se aprovecharán de nuestra somnolencia?

5. ¿Cómo está cambiando la IA nuestra forma de movernos?

En la sección anterior reflexionamos sobre la estremecedora realidad de que es y será posible tener conversaciones muy parecidas a las que tenemos con los otros humanos, gracias a que las máquinas estarán capacitadas para debatir. Esto supone que pueden analizar todos los matices de una conversación y de un tema y podrán generar una opinión particular al respecto. A diferencia de nosotros (no soy un bot escribiendo esto, ni tampoco asumo que un bot lo esté leyendo) las máquinas con IA extractarán a partir de cientos de documentos una síntesis que evalúa casi todo lo "evaluable" y su criterio será mucho mejor formado que el nuestro.

Dolor de cabeza, la movilidad humana

Uno de los temas donde la IA se ha hecho más visible en los últimos años es cómo ésta va a ayudar a la movilidad humana. Para algunas personas hay temas más importantes que hablar de coches y de aparatos para transportarnos pero *el tema es gigantesco.* Para quienes trabajan permanente en las grandes ciudades, los trayectos entre sus sitios de residencia y sus puestos laborales se han convertido en una tortura.

Acompáñame en estos cuestionamientos:

¿Cómo es posible que nuestra muy "evolucionada" humanidad, en las ciudades gaste 4 horas de su vida, cuando están despiertos, en desplazarse?

¿Cómo afecta esto a la productividad general de un país?

¿Cómo afecta a la productividad personal?

¿Qué incidencia tiene esto en la salud mental de las personas y a su vez cómo se refleja esto en sus puestos de trabajo, en su familia, en sus universidades o sitios de reunión?

Quienes hemos tenido esta experiencia, mirando desconsolados cómo delante de nosotros hay kilómetros de coches en un atasco (o en un trancón como dicen en otros lugares), es inevitable que se desempolven algunas de nuestras preguntas existenciales sin resolver.

¿Cómo hemos llegado a este punto en nuestra evolución?

¿Es esto vida?

¿Para esto me conseguí un coche?

¿Por qué no nos dicen qué está pasando allá adelante?

¿Cuándo le pondrán alas a los coches para no pasar por esta tortura?

¡Si por lo menos pudiera utilizar este tiempo haciendo cosas más productivas!

Con el transporte público (TP) el asunto también tiene gran envergadura. Desincentivar el uso del coche (o dejarlo de utilizar por obligación cuando hay huelgas o disposiciones legales) ha mostrado que el TP es frágil. Meterse al metro o a un autobús en las horas punta puede ser, literalmente, una odisea. Y si ya es una experiencia, casi degradante en ciertos momentos del día, en países con transportes dignos, imagínense lo que puede ser en ciudades donde tanto los autobuses como el metro (si es que los hay) parecen anclados en la prehistoria con todos los riesgos para la integridad física que esto supone.

¿Y el tema ecológico?

Y luego está el medio ambiente. Una de las industrias que más aporta contaminación es la automotriz. Es vital transformar esta industria para que las ciudades puedan ser sostenibles. Probablemente te suene que hace poco han "trasladado" una ciudad completa porque, entre otras cosas, ya era invivible desde el punto de vista ambiental. Es el caso de Yakarta, capital de Indonesia, que con una combinación de problemas de movilidad, contaminación e inundaciones ha llevado al presidente a decidir cambiar de emplazamiento a esta ciudad. Casi todos tenemos claro (menos nuestro muchacho de pelo naranja y sus secuaces) que el cambio climático es una urgencia, así que no me extenderé más en esto.

Una de las patatas calientes para nuestros políticos

Las administraciones públicas tienen un reto fundamental con el tema de la movilidad porque combina muchos de los índices de calidad de vida. Las ciudades han de ser viables, sostenibles, heredables para las próximas generaciones, deben ser saludables y es ahí donde entra la IA. Es un terreno de actuación para las máquinas muy potente por varias razones. Impacta directamente en la calidad de vida de las personas, mueve mucho dinero del presupuesto público, sus cambios son muy visibles (así que darán muchos votos) y cualquier estrategia que demuestre ser efectiva cambiará nuestra manera de pensar y sentir las ciudades. Uno de los lemas es convertir las ciudades en espacios para las personas, no para los coches, pero curiosamente, estaremos llenos de máquinas. Se supone que lo más ecológicas posibles. Las "smart cities" son un campo de investigación y desarrollo en sí mismas.

La IA y la movilidad: Los automotores autónomos (AA)

He preferido esta palabreja que está cayendo en desuso de "automotor" porque no se trata solo de coches o carros autónomos.[38] Como lo dice el video, muchas máquinas

---

[38] La palabra "automotor" incluye motor. Lo que hace que tampoco sea la palabra apropiada ya que los motores están asociados a la

serán las encargadas de hacer algunas funciones que solíamos hacer los humanos. Ya está sucediendo con los drones de Amazon entregando sus paquetes, o con pizzerías entregando sus pedidos, o la muy probable vuelta de tuerca de robots policía que van en coches autónomos a hacer las labores propias de ese cuerpo de seguridad. El anhelo de que nuestros automotores (para que el transporte tenga "vida propia") es un sueño viejo que cada vez se hace más realidad. Las grandes corporaciones tecnológicas vienen ensayando hace varios años prototipos donde solo tengamos que sentarnos, decir en voz alta hacia dónde vamos y recostarnos en un cómodo asiento con la seguridad de que nuestro viaje no solo será placentero sino <u>seguro</u>. Ya existen algunos miles de AA en servicio real, no de pruebas.

El gran problema de la seguridad

Quienes conducimos un coche de manera automática, hace tiempo que no somos conscientes de los cientos de millones de micro-decisiones que tomamos a la hora de conducir. Simplemente subimos al coche y arrancamos de una manera prácticamente inconsciente. En general ese automatismo ha incorporado una serie de comportamientos

---

combustión, y por tanto a la quema de materiales fósiles. Una de las estrellas actuales es la industria de los "eléctricos" que técnicamente no tienen un motor como solíamos conocerlos. Aun así, he preferido dejar este nombre para que combine con "autonomía" y como en otros contextos la doble A está asociada un determinado tamaño de baterías, no me pareció tan descabellado. Menos aun cuando recordé que también es la sigla de "Alcohólicos Anónimos".

para una conducción segura no solo para quienes están dentro sino también para los demás coches y los peatones. Esa seguridad es uno de los temas vitales de los AA. Si no hay un ser humano detrás del volante (o lo que sea) aplicando criterios sensatos y legales de seguridad para todas las personas involucradas en el acto de movilizarse…

¿Cómo garantizamos que si lo hace una máquina seguirá siendo igual o mejor en términos de seguridad física?

El tema ético y los accidentes

No es solo el tema de seguridad, hay un trasfondo jurídico y ético en los AA. Si hay un accidente, frente a la ley…

¿Quién es el responsable?

Si se debe tomar una decisión en cuestión de milésimas de segundo, qué criterio seguirá la máquina con IA para determinar, por ejemplo, si atropella a una persona y no a un perro. Posiblemente alguien rápido pensará, pues al perro. Pero resulta que hoy los tiempos son diferentes. Quienes programan y quieren programar son seres solitarios, más conscientes de muchas cosas, entre ellas de que toda vida es igualmente importante, que el "especismo" es tan perjudicial como el racismo. Así que no tengo tan claro que la decisión sea salvar "por defecto" a los humanos. Conozco a muchos "animalistas" que esconden detrás de su amor a los animales un profundo odio hacia los humanos.

Las alternativas de desarrollo de los AA

Vamos a asumir que el tema ecológico está incorporado. Con este supuesto como telón de fondo, las posibilidades para los AA son: Adaptarse a las caóticas realidades de las ciudades, "aprendiendo" a ser seguros. Salirse de la red de calles y carreteras. Básicamente, volando. Así que ya puestos a soñar ¿Por qué no un AA que vuele?

Como en las películas futuristas, el caos volverá. Habrá que legislar para determinar por dónde, cómo, a qué altura y con cuáles reglas de circulación nos regiremos. En las carreteras convencionales las posibilidades de cambiar bruscamente de dirección por una eventualidad son solo 3 y con un poco de suerte 4. Esas tres opciones son, a la derecha, a la izquierda o frenar. La cuarta sería, si el tiempo lo permite ir marcha atrás, en reversa. Con los AA voladores podremos incorporar varios movimientos más, arriba, abajo, tirabuzón en varias direcciones y si me apuran unos cuantos años más adelante podremos incorporar la teletransportación. Rodney "en el mundo real funciona cuando no importa si falla". No es lo mismo que un pequeño electrodoméstico falle y haga movimientos fallidos a que un coche autónomo haga lo mismo y mate a decenas de personas.

¿Pueden los terroristas manejar un coche desde su teléfono a cientos de kilómetros de distancia?

Eso son usos extremos que sucederán sí o sí (o ya están sucediendo) porque los seres humanos somos hermosos e inteligentes para unas cosas, pero estúpidos para otras. Los AA, voladores o no, tienen un potencial de daño inmenso, y dudo que esta generación de seres con el pelo naranja sea la última que exista. Ya ha habido accidentes de AA con víctimas mortales que hacen cuestionar la fiabilidad de éstos. Si no podemos garantizar la seguridad, ¿Para qué los hacemos? ¿Lo hacemos o no lo hacemos? Esta es un pregunta absurda, ¡Se harán y punto! El coste de vidas humanas en el proceso de desarrollo está calculado. Al final, la venta de estos AA será una estadística y los presupuestos se firmarán. Será algo como "las muertes por accidentes con automóviles son 40.000 en el año, con los AA se estima que esas muertes serán solo de 1000". Una impresionante cifra de eficiencia que le gana en mucho a la estupidez humana.

El reto técnico de los AA

Básicamente son tres: Percepción, Predicción y Planificación.

Percepción: ¿Qué está "viendo" la IA?

Predicción: ¿Cómo interpreto los comportamientos de los otros vehículos y cómo reacciono a contingencias?

Planificación: ¿A dónde voy? ¿Cuál es la ruta más corta, eficiente y cómoda para ir del punto A al punto B?

Un reto aún más complejo que tienen los AA es, como dice Raj Kapoor[39], Director de estrategia de Lyft, "entender el contexto social que damos por sentado. Si vemos unos niños que están a un lado del camino jugando al fútbol, entiendes que la pelota puede irse a la calle". Kapoor es optimista porque asume que como las IA tendrán capacidad de aprendizaje podrán ser capaces de superar todos estos retos. ¿Cuántos morirán mientras se optimiza esta curva de aprendizaje de la máquina? Está por verse. Una mala noticia: Ocurrirá. Una buena noticia: A largo plazo mejorará los índices de mortalidad en las calles. Como dice el video de IBM, 1 de cada 4 autos en una década no necesitará un humano conduciendo. Las ciudades cambiarán. La movilidad cambiará. El medio ambiente, el planeta podrá respirar. ¿Llegaremos a tiempo a esta asombrosa utopía en las ciudades?

¿Cambiaremos el modelo de pensamiento con respecto a los automóviles?

---

[39] No confundir con el actor y cineasta Hindú. Dr. Raj Kapoor: Ingeniero mecánico y robótica por la Universidad de Carnegie Mellon y un MBA de la Harvard Business School. Jefe de negocios de la conducción autónoma de Lyft. Fue cofundador de Snapfish y Fitmob.

El video sugiere que no querremos "tener" sino "usar" un AA.

¿Estamos preparados o preparándonos para otra forma de prestigio social basado en el uso y consumo inteligente de las cosas en lugar del "tener", de la acumulación de posesiones?

6. ¿Cómo aprenden las máquinas?

En la sección anterior señalé las implicaciones que está teniendo y va tener la inteligencia artificial en nuestra forma de entender la movilidad humana, y con ella la forma en que nos relacionamos y proyectamos las ciudades. El reto de la seguridad física es uno de los grandes escollos de la IA, porque debe aprender a prever todas las posibles contingencias que se presentan en un simple trayecto de camino.

Esto nos lleva a la pregunta…

¿Cómo aprenden las máquinas?[40]

Parece algo cada vez más natural decirlo, pero ¡Es una locura! ¡¿Cómo aprenden las máquinas?! Parece que estuviéramos hablando de seres vivos. ¿Cómo aprenden los animales? ¿Cómo aprenden los y las bebés?

Una de las aspiraciones que rodea todo el desarrollo de la IA es poder emular la capacidad de aprendizaje y toma de decisiones posterior que tienen los mamíferos "superiores", y en particular los seres humanos. Así que cuando hablamos de ¿Cómo aprenden las máquinas?,

---

[40] Aunque no he hecho un capítulo específico, es importante que tengas e cuenta que la "Machine Learning" (otro vocablo famoso en estos tiempos) es la disciplina dentro de la IA que se ocupa del aprendizaje automático de las máquinas.

nuestro mejor espejo somos nosotros mismos. IBM, en este documental echa mano de algunos de estos supuestos.[41]

Hacer inventario y uso de nuestra experiencia previa

Una de las características fundamentales del proceso de aprendizaje humano se basa en la capacidad de extraer de las experiencias información crucial para la toma de decisiones futuras. Esto que lo hacemos de manera automática y casi inconsciente, es una de las razones del avance del aprendizaje infantil. Con la ayuda de los mayores, niños y niñas aprenden que si acercan la mano a una estufa caliente pueden quemarse y eso les provocará una experiencia de dolor, que la mayoría de las veces la catalogaremos como displacentera y que por tanto, en teoría, habilitará a estas personas a no volverlo a hacer en el futuro o a tener cuidado cuando tengan que manipularla. Y así con todo. La IA tiene este reto, recoger información, analizarla y a partir de los resultados de las pequeñas decisiones del pasado construir un nuevo árbol de posibles decisiones.

Reto y amenaza

Este proceso de aprendizaje que se ha programado para las máquinas, inspirado en la manera en que aprendemos los

---

[41] Recuerda que es importante que visiones el vídeo para que contextualices adecuadamente las reflexiones que estoy haciendo en esta segunda parte.

humanos está lleno también de implicaciones éticas que van a alterar (lo están haciendo) nuestra manera de comportarnos. Si una IA aprende a jugar ajedrez y se vuelve imbatible puede sonar asombroso, pero…

¿Qué pasa (digámoslo en presente) cuando tengamos que decidir sobre aspectos éticamente difíciles?

Puede que sigamos la recomendación de nuestro robot sobre la mejor opción nutricional del desayuno, pero ¿Y si se trata de regañar a nuestras hijas? ¿O de orientarles sobre una decisión vital acerca de su vocación en la vida? ¿O sobre echar a un empleado?

¿Cómo nos defenderemos de una máquina que ha aprendido a tomar siempre la mejor decisión entre miles de opciones posibles?

¿Podremos usar en un juicio el argumento de que seguimos nuestra intuición para "desobedecer" la recomendación que la IA nos estaba haciendo ante un dilema ético?

Aprendizaje automático

El aprendizaje en el ser humano recorre un camino que va desde lo "muy consciente", donde tenemos que estar atentos a cada procedimiento que nos lleve a alcanzar un objetivo, hasta el automático, donde simplemente hemos incorporado los pasos y protocolos y ya no tenemos que pensar en ellos fragmentadamente para obtener un desempeño medianamente eficiente. Las máquinas van por ese camino, recogen cientos de información, la "computan", analizan, cruzan, mezclan y elaboran una serie de posibles mejores rutas de respuestas para el problema en cuestión o para alcanzar un objetivo determinado.

Más potencia, Más rápido

En neurociencia aún se tienen discusiones sobre la capacidad de almacenamiento del cerebro humano y si éste tiene un límite. Tanto la capacidad de memoria como lo rápido que podemos hacer cálculos constituyen otras de las asombrosas características de la inteligencia de los seres humanos y otros animales. En milésimas de segundo somos capaces de tomar una decisión que nos salva la vida (o nos la quita). No somos infalibles. Vivimos en una compleja red de versiones de la realidad que hace que el consenso sea difícil. Sabemos que las máquinas tampoco son infalibles. En la medida en que tengan mayor capacidad de almacenamiento, mayor potencia de procesamiento, que llevará a generar respuestas cada vez más rápidas, su falibilidad se irá reduciendo y superará en mucho la de los seres humanos. Para decirlo de otra manera, mientras nuestra capacidad de tomar mejores decisiones va al ritmo paquidérmico de nuestra evolución biológica (y psico-social) las máquinas evolucionan vertiginosamente, no solo para alcanzar el estado en el que estamos las personas sino para superarnos.

No nos engañemos, ¡somos nosotros!

Podemos empezar a perder de vista que somos nosotros, los humanos, los que estamos al frente de todo este desarrollo. Hay humanos produciendo máquinas más eficientes, inventando o recreando nuevas matemáticas que nos entregarán mejor algoritmos, que lo harán más pequeños, más móviles, más cercanos, más eficientes, más eficaces. La industria de la atención, miles de videos, de fotos, de comentarios a través de las redes sociales, están alimentando el Big Data. Los resultados de la IA son la síntesis de miles de millones de millones de datos que nosotros mismos estamos aportando. Los "programadores conscientes" (PCons)[42] son estos genios matemáticos e informáticos que están produciendo lenguajes y códigos de programación. Pero los programadores "no conscientes" (PNCons) somos el resto de la humanidad, que no son ellos. Las grandes corporaciones tecnológicas les están dictando a los "PCons" qué programar, hacia dónde quieren llevar el consumo y el comportamiento de las personas. Pero, nosotros los "PNCons", programamos las IA cada segundo cuando señalamos a través de un simple gesto en nuestros dispositivos cuál es nuestra inclinación sobre un tema en particular. De nuevo, desde una visión apocalíptica, nosotros estamos construyendo el monstruo que nos va a engullir. Los "PCons" ya no solo se centran en qué quieren que veamos, ahora se centran en crear las condiciones

---

[42] Mi tendencia a crear nuevas siglas, neologismos, contracciones de palabras puede ser desquiciante, así que un poco de paciencia.

ideales (más atractivas, más persuasivas, más adictivas) en que les entreguemos nuestro "background", nuestro "know how", de nuestras tomas de decisiones. Cada vez que hablamos de la IA, pareciera que estuviéramos hablando de otra especie de ser inteligente que está cohabitando con nosotros y que potencialmente, ante nuestra falible humanidad, nos reemplazará en los aspectos fundamentales que garantice nuestra supervivencia o nuestro exterminio.

¿Llegarán pronto las máquinas a la conclusión que es uno de nuestros mayores secretos como humanidad?

A saber, que cada vez somos más conscientes que es el ser humano el causante de hábitats no sostenibles y que por tanto somos la mayor amenaza no solo para nosotros mismos, sino para el resto de la vida en la tierra. ¿Cuánto tardarán las máquinas que aprenden solas, que sacan conclusiones emergentes (no dependientes de los datos iniciales programados) para deducir que a quien debemos eliminar de la ecuación es el factor humano?[43]

Ventajas, ventajas, ventajas

Por supuesto, ante las grandes soluciones que nos ofrece la IA, puede parecer injusto hacer cuestionamientos éticos, ya

---

[43] Probablemente no faltará quien diga que si no llegan rápido a esa conclusión es que a lo mejor no son tan inteligentes. O que alguna listilla "PCons" les instaló algún virus para que nuestro secreto esté bien protegido, a prueba de IA's.

que podremos (está sucediendo) resolver grandes problemas médicos, predicción de catástrofes, de enfermedades, de comportamientos potencialmente peligrosos. Todo parece ser ventajas. Las posibilidades son inimaginables.

¿Pero a qué coste?

Dos de los grupos que han ido apareciendo en la literatura sobre el tema son quienes están dispuestos a pagar cualquier precio (intimidad, leyes, asesinatos, corrupción, medidas impopulares) con tal de no ponerle obstáculos a estos desarrollos, y por el otro personas que se están preguntando si el precio que estamos pagando y pagaremos no es demasiado alto. Al fin y al cabo, una posible conclusión de los robots con IA super avanzada será que los humanos sobramos en la tierra.

Inteligencia NO, Super Inteligencia

Las máquinas, como nosotros, están aprendiendo con el viejo método de ensayo-error. La diferencia es que nuestra capacidad de aprendizaje tiene muchas limitaciones. Puede parecer una contradicción. Los seres humanos podemos aprender durante toda la vida, incorporar nueva información y tomar mejores decisiones, pero a la vez esa capacidad, ese potencial, tiene muchas limitaciones. Si a la "capacidad" de la máquina que emula parte del procesamiento de datos que hacemos los humanos, dando una respuesta "coherente", la llamamos inteligencia, ¿Cómo llamamos a las máquinas que nos superen en casi todos los aspectos?

Sin ningún tipo de pudor, y en muchos momentos con más miedo que admiración, los expertos se están refiriendo a la IA como una Super Inteligencia. Dentro de poco estaremos diciendo, Ultra, Mega, Super Inteligencia. Casi con seguridad crearemos una palabra que no requiera tantos aumentativos. Es posible que la misma IA proponga la palabra.

¿Qué le enseñarías a una máquina si pudieras ser tú quien la programe o si fueras el modelo del que esta máquina aprenda?

7. ¿Trabajando con IA?

En la parte anterior toqué uno de los principales retos, pero a la vez promesas de la IA, la posibilidad de aprender autónomamente. En ciertos campos del conocimiento humano lo llamaríamos "meta-aprendizaje" (aprender sobre el aprender) y en el campo de la neuroeducación, en los últimos 30 años se ha hablado bastante sobre "aprender a aprender". El "aprendizaje" automático de las máquinas reúne un poco de ambos horizontes. El reto es que los dispositivos y artilugios no solo puedan hacer "cosas" que para el ser humano serían impensables por un lado o rutinarias y de poco valor intelectual por otro, sino que en la medida que las hacen aprendan y optimicen estos procesos. Yendo más allá, la autonomía y automatización de la IA nos llevará a encontrarnos con "super inteligencias" que serán capaces de establecer conversaciones, relaciones, crear "pensamientos" y ejecutar acciones con una mínima (o ninguna) intervención humana.

En esta sección nos ocupamos de otro de los dolores de cabeza (para el mundo de las y los trabajadores) y de alegrías (para los empresarios) ¿Cómo serán nuestros trabajos en un mundo con más IA? Más exactamente, tendríamos que preguntar ¿Cómo <u>están siendo</u> nuestros trabajos ahora con más IA?

Como señala en el video de IBM la cofundadora de TOPBOTS, Adelyn Zhou "la IA ha sido parte de nuestras vidas sin que en realidad nos diéramos cuenta".

La explosión de internet, el avance de los dispositivos móviles hasta convertirse en "smart"[44], los asistentes por voz, los sistemas de acceso en nuestras empresas o ciertos escenarios, la identificación por huella, el "retargeting" (o remarketing) son solo algunos de los avances que simplemente hemos adaptado de manera casi natural a nuestras vidas sin que supiéramos qué se estaba cociendo bajo cuerda.

¿Nos reemplazarán en el trabajo?

Uno de las grandes preocupaciones del avance (y de la realidad actual) es el impacto que está teniendo y tendrá en el mercado de trabajo. ¿Cuántos puestos de trabajadores humanos quitará?

La respuesta es sencilla, doloroso, simple e inevitable: Muchos, cientos, miles, cientos de miles. Es cuestión de tiempo que los humanos seamos reemplazados casi en todos los ámbitos en los que ahora nos requieren.[45]
La combinación de factores para que esto suceda y sea deseable, incluso en las políticas públicas, es tan compleja

---

[44] "Inteligentes"

[45] Es más me atrevo a decir que no son más ahora mismo porque las voces en contra, tanto en la sociedad, políticos, sindicatos y algunos empresarios tienen cierta resonancia y hacen de contrapeso al avance de más bots reemplazando humanos. Si no tuviéramos la ética actual, me la juego aunque suene alarmista, la cifra de personas reemplazadas por máquinas sería mucho mayor. Si la tecnología ya está ¿Qué les impide utilizarla? ¡Qué a gusto me he quedado!

que los ingredientes para la tormenta perfecta están servidos. Por mencionar solo uno, mencionaré el "problema" del envejecimiento de la población. Digo "problema" porque hace unas décadas fue una decisión (más o menos consciente) de los gobiernos del "primer" mundo, que había que reducir el número de nacimientos. Esto lleva décadas tratando de exportarse a los países "pobres" y justo por estas épocas la curva de natalidad empieza a responder a este "deseo". Bien, el panorama es éste: Si hay un mayor envejecimiento, la mano de obra nueva no es capaz de reemplazar a la vieja. La solución para los países desarrollados es la migración. Los "pobres" que tienen dificultades aún para acceder a mejores políticas públicas y con ellas programas de educación sexual y control de la natalidad, siguen teniendo más de un hijo, pero, obviamente no al ritmo de otros años. Los países emergentes o en vías de desarrollo también se están envejeciendo. Pero los migrantes son solo un parche, una solución temporal. Los migrantes, en cuanto seres humanos, también envejecerán. He ahí un campo inmenso de acción de los robots con su maravillosa IA incorporada. La productividad y la competitividad de las empresas hay que mantenerlas a toda costa. Es una de las bases de su supervivencia. Si no hay quien reemplace al viejo Antonio que ya se jubila, habrá que pensar maneras en que algo nos ayude a mantener los índices de producción y calidad en un mercado que se tecnifica más cada día. Además, nuestra competencia, que suele tener menos corazón que nosotros, ya se había percatado de este problema hace años y, sin misericordia, ya había empezado su proceso de transición tecnológica antes que nosotros. Así que, como ya señalé, el cambio al uso de IA no es solo una necesidad, es inevitable. Creo que muchos sindicatos deben sentir cómo se les revuelven las tripas al vislumbrar que su panorama futuro posiblemente sea el de defender los derechos de las máquinas y no de las personas. Pero qué nos hace pensar que las "SuperIA" al poder aprender solas y crear realidades por sí mismas, no creen un propio sistema gremial que vea como una amenaza a los humanos, con su inestabilidad emocional y su factibilidad, y decidan apoderarse de las empresas, curiosa y paradójicamente, por el "bien" de los propios humanos. La paradoja de las IA es que serán creadas y programadas por los humanos, pero pronto llegarán a la conclusión que no necesitan a los humanos en la ecuación y se librarán de los humanos por el bien de los humanos.[46]

Cientos de miles de puestos de trabajo

Sí, la IA quitará muchos empleos. Los optimistas de este relato, dirán que también están creando mucho empleo que antes no existía. Que estamos repitiendo lo que ya se vivió con la explosión industrial y que al final solo estamos en un periodo de cambio al que nos adaptaremos tarde o

---

[46] ¡Vale, vale! Me habéis pillado. Se me ve el plumero. Estoy del lado de los que creemos que es necesario una regulación, porque de lo contrario esto se nos puede ir de las manos. ¡Qué insistencia con que las IA nos van a exterminar! ¡Madre mía!

temprano. Estamos pasando desde hace un tiempo de tener grandes corporaciones que centralizan toda la producción en un solo lugar, a un batallón de micro-emprendedores, que hacen alianzas estratégicas y proveen cada una de las piezas que se necesitaban antes en la gran empresa. Uno de los riesgos asociados a la IA es la transformación del mundo laboral, donde hay una lucha fratricida de pequeñas empresas, buscando una migaja del pastel, que no es otro que el pastel de la supervivencia, de las facturas a fin de mes, del pago del comedor del colegio de nuestras hijas e hijos. Ya no habrá una gran empresa, dándonos importantes incentivos (salario emocional) con un gran sindicato defendiendo nuestros derechos, sino una jungla del "sálvese quien pueda".[47]

La ilusión de la economía cooperativa, como las famosas aplicaciones (con IA) que permiten relaciones entre usuarios (C2C en lugar de B2B), parece que intentarán enviar un mensaje al mundo de que es la cooperación y no la competencia lo que nos mantendrá con vida, pero el consumidor final está muy lejos de las decisiones económicas importantes y escasamente puede participar con un clic, a costa de vender su intimidad.

Como señala en el vídeo, el futurista George Dvorsky[48], "el trabajo de nadie es seguro". Señala claramente: "Este ciclo de creación y pérdida de empleo se repite a través de las

---

[47] Algunos "otros" dirán que ya estamos ahí hace tiempo, y lo comparto. Ahora mete la IA en la ecuación y multiplica por "1000" esa ley de la jungla.

[48] En algunos sitios de referencia en Internet, también lo rotulan como Transhumanista y Bioético.

décadas". Los agoreros siempre señalan que nunca estamos preparados para dichas transiciones y hoy menos porque mientras que en la revolución industrial los cambios podían tardar algunas décadas, el vertiginoso avance de las nuevas tecnologías y en especial la IA, nos ha pillado literalmente "con el culo al aire". No estamos preparados para la gran pérdida de empleo que ya se está produciendo y menos para la que se avecina. Por supuesto que encontraremos nuestra manera de sobrevivir, pero tendremos que atravesar un océano de desesperación y dolor. No es una figura literaria, es un hecho.

Voces optimistas

En el video Max Tegmark señala que no se trata de que la IA reemplaza a los seres humanos, sino de que seres humanos que no trabajan con IA serán reemplazados con humanos que sí lo hacen. No dudo de las buenas intenciones del señor Tegmark, pero la desesperación y el dolor no nos lo quita nadie. Un robot, o mejor dicho un proceso robotizado, pueden reemplazar la actividad de una empresa en una proporción de 1 a 10, en muchos casos de 1 a 100 y sin exagerar, de 1 a 1000 (es posible que me quede corto). Así que estas voces optimistas que dicen "no os preocupéis, así como destruiremos empleo, lo crearemos", no están desencaminadas. Lo que no se dice es que pasará entre medias y cuáles serán las repercusiones de que eso suceda mientras que el ciclo se repite.

Transición robótica

Aunque habría que hacer salvedad por sectores del espectro del mercado laboral, el asunto es simple:

Realidad anterior: Muchos humanos con poca tecnología.

Realidad actual: Muchos humanos con mucha tecnología.

Realidad próxima: Menos humanos con mucha tecnología.

Realidad futura: Muy pocos humanos con mucha tecnología.

Estamos en el momento en que nos relacionaremos como algo cotidiano con un robot que nos pasará las piezas que nosotros supervisaremos para verificar que todo vaya correcto, pero que no necesitan descansar, ni hacer una pausa para ir a tomar el café, ni para ir a cotillear (chismear/chismosear) y así afectar el clima de la organización.

Aprender por demostración, no por programación

El aprendizaje automático de las máquinas, en especial en el ámbito laboral, está permitiendo que puedan aprender por demostración, no por programación. Esto significa que "modelando" la actividad que se debe realizar, el robot con

IA, podrá saber qué es lo que tiene que hacer, escribirá su propio código para que luego pueda automatizar su actividad. Un mismo robot podrá ser "enseñado" a realizar diversas tareas, con lo que la inversión en el mismo se amortizará mucho mejor que cualquier cuadrilla de trabajadores que se necesitara en el pasado para el mismo proceso. El aprendizaje por demostración abre una puerta infinita de posibilidades, que de nuevo, paradójicamente, puede dejar obsoletos a los programadores. No sucederá rápido (¿?) probablemente, pero sucederá. Las máquinas solo tendrán que "mirar" cómo se hace y en unos cuantos minutos lo harán con mayor precisión, calidad, eficiencia y "entusiasmo" que cualquier humano.

Entrenamiento de robots

Piensa en lo siguiente. Tengo un operario con mucha experiencia y capacidad docente que suelo usar en enseñarle a los nuevos a realizar las tareas. En una empresa mediana y grande esta es solo la parte final. Para llegar a ese escenario de aprendizaje debo haber pasado por el proceso de reclutamiento, selección, formación e inducción a la empresa en general, incluso antes de las tareas específicas.

¿Qué pasa si tengo un robot que no tiene que pasar por toda esta parafernalia y directamente lo puedo enfrentar a nuestro veterano operario para que haga lo que tiene que hacer?

No tiene que ir a llevar un CV, no tiene que ir a entrevistas, ni presentar pruebas psicotécnicas, no tiene que desplazarse en una ciudad atascada desde su sitio de residencia con la posibilidad de que algunas veces no llegue o llegue tarde; no afectará el clima laboral como agente activo por lo menos. Y si el trabajo sale mal, solo tendremos a un culpable a quien señalar: Nuestro veterano operario, que ya no tendrá que cabrearse con operarios que se les tiene que repetir 100 veces las cosas. Nuestro robot guardará su aprendizaje y podrá repetirlo las veces que haga falta. Al final, cuando nuestro operario experimentado se haya vaciado de todo su conocimiento y haya enseñado a los robots todo lo que sabe ¿Qué pasará con él? ¿Cuánto tiempo lo necesitaremos para que atienda las contingencias que no pudieron ser previstas en el camino de la enseñanza?

Sí, la respuesta es fácilmente deducible. Llegará un momento en que tampoco el entrenador hará falta. Puede que en el desarrollo de habilidades profesionales en las empresas actuales uno de los discursos motivadores de los formadores y promotores de las filosofías de la superación ya no sea "Sé la mejor versión de ti mismo(a) para que te hagas imprescindible para la compañía", sino "Adquiere las competencias necesarias para que seas el (la) último(a) que reemplacen". Pero, ahí está parte del problema y también de la salvación, no todos, ni todas, podemos ser programadores, ni entrenadores de robots. Así que los "analistas" se llenan la boca diciendo que eso de que la IA vaya a ser el fin del mercado laboral o de los sistemas de producción, está muy lejos de ser una realidad.

Lo soso y repetitivo

Los robots pueden ocuparse mucho mejor que cualquier humano de las tareas repetitivas, aburridoras, mecánicas. Las voces optimistas con la IA dicen que de esa manera los trabajadores podrán dedicarse a tareas más motivadoras, creativas y estimulantes. Pero ¿Dónde?

¿Dónde podremos dedicarnos a aumentar nuestras vibraciones espirituales con el tiempo que ya no usamos en tareas rutinarias?

Ah, pero… ¿y si…?

¿Y si casi el 100% de mi trabajo era justamente esa tarea rutinaria? ¿Qué trabajo queda para mí?

¡Ya sé dónde podré expresar esas potencialidades de evolución humana!: ¡En el paro!

Y finalmente… los replicantes

Y al final, uno de los esfuerzos de la industria robótica y de la IA es hacer androides y ginoides, máquinas que se parezcan más a los humanos y se comporten como tales. Es posible que, sin darnos cuenta, sea una manera de manejar la culpa por los humanos que despediremos de nuestras industrias. Por supuesto, esta no es la versión oficial. El relato, más o menos coherente en la estrategia de inserción de los bots a la vida cotidiana es que se parezcan mucho a nosotros para que no nos asustemos y los incorporemos con más naturalidad a nuestras vidas. Te asomas desde el balcón de tu oficina, la que da al pabellón de producción y en lugar de personas, ves un batallón de robots, que parecen personas. Y tienes una sensación de familiaridad, de que estás entre los tuyos, con tu especie, pero es solo una ilusión. Eres el gerente o la gerente de una cuadrilla de robots que te hacen muy rico sin tener que lidiar con el factor humano.

El tema del potencial de afectación de la IA en el mundo laboral es uno de los más recurrentes a la hora de hablar del avance de esta tecnología. Tiene sentido, estamos hablando de poner un pan en nuestro plato y el de nuestros hijos en los próximos años.

¿Te sientes preparado(a) para ser reemplazado(a) por un robot?

¿Crees que lo que aportas a la compañía es tan exclusivo que solo tú lo puedes aportar?

¿Quieres ser una de las últimas personas que reemplacen con un robot en tu empresa?

8. ¿Las IA serán nuestras mejores maestras?

Una de las principales áreas donde la IA puede generar mayores avances, pero a la vez mayor controversia, por las repercusiones sociales, laborales y políticas es de cómo impactará el mundo del trabajo, el mercado laboral. ¿Implicará millones de despidos? ¿Puestos estratégicos podrán ser reemplazados por bots? ¿Permitirá que la humanidad reaccione y cree nuevas fuentes de trabajo donde el desempeño de los humanos sea imprescindible y revierta el ciclo de destrucción de empleo? ¿Mejorará la productividad y la competitividad a costa del sufrimiento de la misma sociedad que las empresas pretenden servir?

En esta sección, sigo revisando aspectos del video. El documental de IBM y Discovery, nos muestra cómo la IA está experimentando para emular las diversas formas de aprendizaje del ser humano. Ya he tocado el tema del aprendizaje de las máquinas, pero ahora vamos un poco más allá, y es dónde confluyen el aprendizaje automático de las la IA y los modelos educativos para los seres humanos desde el jardín de infancia. Como siempre, en todo este ciclo son más las preguntas que los interrogantes.

Hay una pregunta muy emotiva que suele salir en reuniones de empresa, familiares o en algún seminario de motivación y es ¿Qué maestro te marcó en la vida?

Las respuestas suelen ir desde la aspiración hasta el desprecio. La pregunta en unos años será ¿Qué aplicación te ha marcado en la vida? ¿Qué inteligencia artificial ha sido la que te ha inspirado en la vida?

La educación ha estado caracterizada por ejercicios masivos, llamado industriales, porque consiste básicamente en meter a nuestras hijas e hijos en un edificio, donde hay unas personas que están preparadas para formarles en un tipo de materias que posteriormente facilitarán que el ciclo industrial o empresarial no se detenga. Vamos, digamos las cosas por su nombre. No enviamos a nuestra prole a los centros educativos, de pequeños por lo menos, a que expresen libremente su personalidad y exploren las potencialidades de su singularidad. Ahora tu puedes pensar que esto es más así que hace unos años, pero lo cierto es que todas las escuelas a parte de una labor informativa (¿Quién y bajo qué criterio se escogen los contenidos?) se ejerce una labor formativa (Deben ser buenas personas para que se adapten a una sociedad llena de buenas personas). La escuela es la encargada de complementar (y en muchos casos es la principal responsable) el proceso de socialización y educación de las familias. Esto es, de transmitir los valores, costumbres y modos de producción de la cultura. Uno de los avances en los modelos educativos es personalizar el proceso de aprendizaje. Cómo adaptar la información, la pedagogía, la didáctica y las metodologías de enseñanza a cada persona.

Y aquí es donde la IA hace su entrada triunfal.

La educación personalizada es un privilegio de las personas con posibilidades económicas. Pensar en un ratio de un profesor por cada 5 alumnos es imposible en economías familiares, incluso de clase media alta hacia abajo. Así que el modelo es un docente por cada 30, 40 personas. Es más, debajo de ese número de estudiantes, ya solo por la cifra, la calidad de la educación mejora. [49]

Un programa personalizado de educación

Ahora piensa…

¿Y si no tuviéramos que depender de una persona física (un maestro) para elaborar un perfil específico de la manera que mi hija e hijo aprende, y pudiéramos adaptar todo el conocimiento y la metodología a sus características particulares, desarrollando al máximo sus capacidades?

¿Y si además de conseguir una personalización de la educación puedes hacerlo en todos los estratos sociales, ayudando de paso a estrechar la brecha entre ricos y pobres?

---

[49] Lo lógica es imbatible. A menos número de estudiantes en un aula, más personalizada se vuelve la educación. El número final si lo reducimos es 1 (Nosotros mismos que de manera autodidacta nos eduquemos).

¿Y si además pudiéramos elaborar material audiovisual mucho más atractivo y potente que se conecte con las recomendaciones pedagógicas y didácticas de la neurociencia para que el proceso educativo sea no solo pertinente sino hiper-atractivo?

Nuestras hijas e hijos: Objetivo IA

El gran objetivo (¿altruista?) en la aplicación de la IA a los procesos de aprendizaje son por supuesto nuestras hijas e hijos.

¿Querrá un padre, una madre, un maestro, ayuda para hacer más eficiente y efectiva su labor educativa y de paso permitirse una administración del tiempo que le facilite no estar permanentemente estresado por su labor?

Por supuesto que sí. Solo un tonto no lo querría. Pero como todo lo que tiene que ver con la IA.

¿Cuál será el costo de esta comodidad?

¿Cuál será el precio que tendremos que pagar, que estamos pagando, cuando cualquier aplicación de un dispositivo es potencialmente más influyente sobre nuestra descendencia que nosotros mismos?

Y además, el problema de los sesgos culturales no se resuelve del todo.

¿Quién determina qué contenidos deben llevar estas aplicaciones?

¿Qué mensajes se están transmitiendo de tal forma que nuestra prole la acepta sin chistar, como algo natural, como el "deber ser" de las cosas?

Niñas y niños "superdotados"

Leer a edades más tempranas de las habituales, hacer cálculos matemáticos con apenas un palmo de altura, resolver problemas de cierta complejidad, nos está dando la sensación de que la infancia actual es más dotada en inteligencias computacionales que las generaciones anteriores. Esto no es nuevo, cada generación "parece" más inteligente que la anterior (hasta que va y vota…jajaja, una licencia humorística). Los y las menores de altas capacidades eran la excepción hace unas décadas. Ahora, cada vez son más.

¿Gracias a las nuevas tecnologías? Casi todos hemos visto cómo algunos bebés, aún sin saber hablar, son capaces de desempeñarse mejor que un adulto ante una pantalla táctil.

¿Qué significará para nuestras relaciones familiares, que nuestras hijas e hijos nos miren con cierto desprecio condescendiente por lo poco avanzados que estamos en ciertas cuestiones?

¿Qué está significando para docentes que tengan que refutar y aclarar en clases informaciones que aparecen en internet?

O simplemente aceptar que sus conocimientos como profesores no están tan actualizados como la información en tiempo real.

¿Cómo afectará el avance de las capacidades humanas, gracias a la IA, con respecto a la autoridad en las familias y en las aulas?

"Puedes tener un robot que te ayude con tu tarea"

Los asistentes inteligentes pueden interactuar con nuestras niñas y niños. Podrán diseñar (si aprenden programación y robótica) a crear bots que les hagan las actividades.

¿Qué información recopilará el asistente con respecto a los gustos y la personalidad de nuestras pequeñas y pequeños? ¿A dónde va esa información?

¿Qué se hace o se hará con ella?

Las tutorías privadas

Más allá de la primera infancia… ¿Qué tan buen estudiante serías si pudieras contar con un tutor personal que te ayudara a analizar mejor, a recopilar más eficazmente y en mayor cantidad los datos, a adelantarte parte o todo del engorroso trabajo de la investigación bibliográfica, que te advirtiera de que estás procrastinando, de los tiempos en que tienes que entregar diversas obligaciones, que analizara tu personalidad para evadir los rasgos que te impiden ser más eficiente?

Pues justo eso, y más, es lo que ofrecen las IA. Es la posibilidad de tener un tutor privado que sea quien te marque los ritmos, te facilite las tareas de búsqueda y análisis de la información, te acompañe "amorosamente" para que seas la mejor versión de estudiante que puedas ser. Si tienes mucho dinero puedes pagarte un tutor por cada asignatura que veas en tu universidad o en tu especialización. Pero para las Instituciones Educativas (privadas o públicas) es muy costoso tener un ejército de tutores que puedan ofrecer tal contacto personalizado. Con las IA, este problema no existe. En el video, el asistente Pearson, te busca la información, te la analiza y te hace un test para que asimiles lo importante, en lugar de que tengas que hacer este trabajo "tedioso" de leer y tú mismo intentar adivinar cuál es la información central y cuál es la de relleno. Casi todos los que hemos estudiado materias no técnicas, ni matemáticas, sino de ciencias sociales por ejemplo, nos vemos ante el escenario de leer extensos documentos tratando de adivinar por dónde saldrá el profesor con sus preguntas. Pues bien, un asistente personal de estudio puede minimizarte esto en un gran porcentaje por ahora, y en el futuro casi en el 100%.

Digo esto, porque siguiendo con esta lógica, los profesores y profesoras serán reemplazados por IA que dialogarán con nuestros asistentes virtuales y "consensuarán" cuál es la información necesaria y suficiente para cerebros tan poco desarrollados como nosotros. Puede que esté exagerando. ¿Y qué? Si exagero y esto nunca sucediera será una decepción sobre el potencial desarrollo de las IA. Pero si por el contrario, me quedo corto ¿Qué implicaciones tendrá para el mundo universitario y por tanto para la vida en general, que el conocimiento sea impartido a través de bots, sea recibido a través de bots y que nosotros solo tengamos un extracto feliz de todo ese volumen de información?

Posibilidades infinitas

Visto así, las posibilidades de un asistente de IA para el aprendizaje de los seres humanos son inimaginables. Lo que he comentado hasta aquí tiene que ver con los procesos educativos "regulares". Pero ¿Qué pasa con la ayuda que podrá dar las IA a personas con funcionalidades diferentes, para quienes los sistemas tradicionales de educación no están adaptados? Por ejemplo, personas con características "leves" de desviación con respecto a la "norma" como personas con problemas de aprendizaje, dislexias, dislalias, discalculias, hasta personas con características diferenciadoras más acuciantes como personas dentro del espectro autista, con síndrome de Down, TDAH, parálisis cerebral, sordera, ceguera.

Está claro que el potencial de ayuda de las IA para personas con diversidad funcional es muy esperanzador.

Empatía y apoyo emocional

Si aún no lo has deducido, el video nos muestra un futuro (que ya está aquí por cierto), donde las máquinas sientan empatía por nosotros y puedan adaptar su asistencia a partir del estado emocional en que nos encontremos, probablemente mejor que un amigo o algún familiar.

No solo tendremos un asistente de estudio que nos ayude a alcanzar nuestro máximo potencial sino un "amigo", "un terapeuta", que nos entiende mejor que cualquiera.

Te dejo estas preguntas para alimentar tus inquietudes a este respecto.

¿Estarías dispuesto(a) a usar un asistente con IA para aprender más y mejor sin el esfuerzo que esto supone por las vías tradicionales?

¿Estás preparado(a) para ir quitando de la ecuación del proceso de educación y aprendizaje la figura de maestras y profesores?

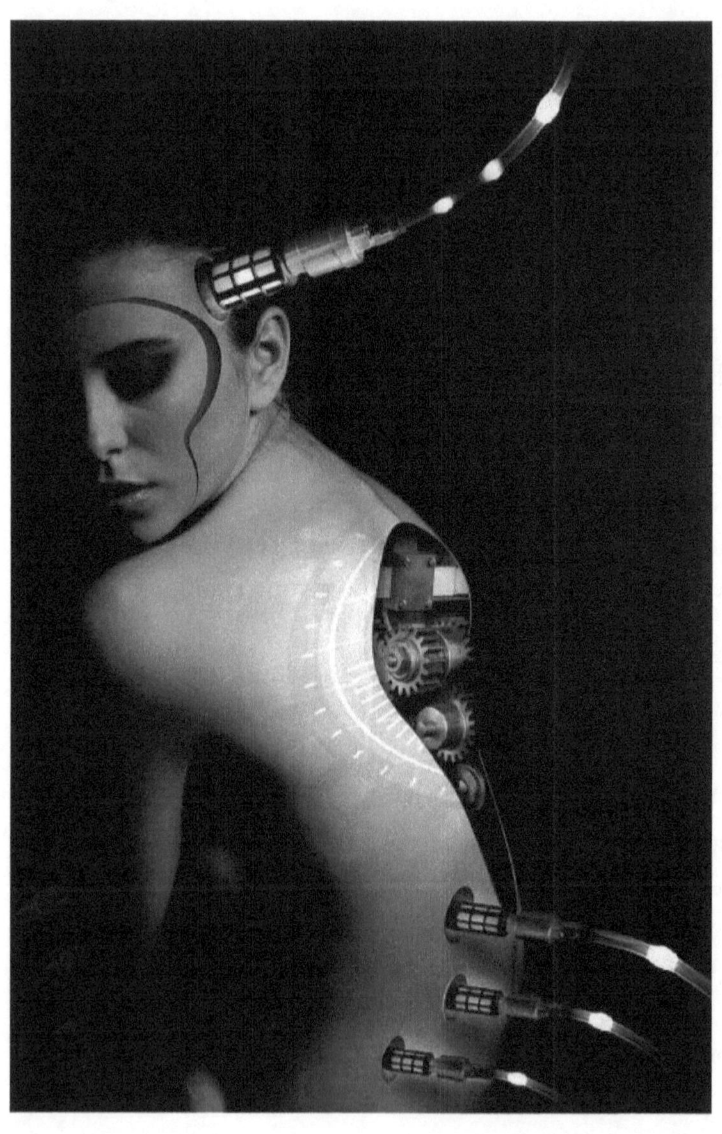

9. ¿Fusionarnos con máquinas?

Ante la evidente e inminente superioridad de las máquinas en el presente y los tiempos que llegan, nos podemos plantear algunos escenarios que van desde el ensueño hasta el apocalipsis.

No pienses en los extremos como una línea recta, piénsalo más bien como una estrella de varias puntas.

Los extremos de esos escenarios son:

✔ Las máquinas super inteligentes (MSI) están al servicio de la humanidad y le ayudan a resolver problemas cada vez más complejos.

✔ Las MSI desarrollan una especie de gratitud cibernética según la cual, pase lo que pase, siempre nos reconocerán como sus creadores y por tanto establecen un protocolo que impide que de manera deliberada nos puedan hacer daño.

✔ Las MSI nos dominan y somos nosotros quienes estamos al servicio de ellas (no sabremos muy bien para qué si el camino de su aprendizaje es que precisamente sean tan autónomas que no necesiten de nadie externo).

✔ Las MSI llegan a la conclusión de que los humanos somos la variable que hace que la ecuación de la supervivencia del planeta se acerque a la autodestrucción y por tanto decidan que debemos desaparecer. Son tan inteligentes que lo hacen de forma tan sutil que cuando nos hayamos dado cuenta de sus planes ya será tarde y el exterminio estará en marcha. Conclusión final: La humanidad es eliminada de la ecuación.[50]

Por supuesto, algunos defensores de las MSI estarán pegando el grito en el cielo por estas visiones apocalípticas, pero quiero pensar que una muestra de madurez racional es considerar todos los posibles escenarios.

Aquí faltan muchos más, pero me permite introducir el que compete con esta novena sección de la segunda parte:

Uno de los sueños que va ido unido al de crear máquinas inteligentes es el de cómo hacer "super-hombres" (así los hemos llamado siempre). La filosofía y algunos movimientos espirituales de oriente y occidente siempre han soñado y promocionado la posibilidad de que podamos potenciar al máximo las capacidades del ser humano para "sacarle más provecho", "para que alcance su verdadero potencial", "para que sea más feliz", en definitiva para que avance en el proceso de evolución, tanto desde el punto de

---

[50] ¡Ya canso, de verdad!

vista físico, como social. Lo políticamente correcto sería decir la idea de alcanzar un(a) "Super-humano(a)", no un "super-hombre". Para no liarnos mucho con el lenguaje inclusivo (con el que estoy de acuerdo) vamos a llamar a los humanos "especímenes autoconscientes". "Espécimen" es una palabra referida tradicionalmente a entidades biológicas, pero la RAE dice que significa simplemente "ejemplar" o "muestra", así que también se puede aplicar a los robots o a las MSI. No confundir, pues, "Super espécimen autoconsciente" (SEA-los humanos) con MSI. Por un lado están los SEA y por otro los MSI. Los EA (Especímenes Autoconscientes, los mismos seres humanos del montón) y las IA (Inteligencias artificiales simples) son los precursores de los SEA y de los MSI. El sueño de muchas ciencias y disciplinas del conocimiento, incluyendo los movimientos espirituales, es llevar a los EA a su máximo rendimiento, expansión, racionalidad, iluminación y se conviertan en SEA. En niveles más "simples" es lo que pretende la educación, la ciencia en general, las políticas públicas, el "intrusista" movimiento del coaching, las actividades deportivas. Si lo pensamos bien, es el objetivo de la evolución: Pasar de un estado A a un estado B, a un estado C y así sucesivamente. Asumiendo, por supuesto, que cada estado al que se llega es sustancialmente "mejor" de acuerdo a unos parámetros concertados socialmente, que el anterior. Como biológicamente la evolución va muy lentamente, un sueño paralelo a ese mejoramiento de los EA, es cómo crear "sucedáneos" que aceleren el proceso de alcanzar objetivos que simples EA no podrían conseguir.

Y así, bajo este sueño nacieron cientos de cuentos de ciencia ficción y cientos de ideologías también. Estas ideologías le han dado paso a nuevas fronteras de la ciencia y a su vez estas nuevas fronteras cuestionan los límites éticos de lo que como seres humanos nos podemos permitir. Y aquí estamos, en el mismo punto, ante la irrupción de la inteligencia artificial y la bioingeniería. Recordemos las prácticas alquimistas, el cuento de Frankenstein y hace unos 50 años la serie que menciona el video de IBM, "El hombre nuclear". Bien visto por los productores de la época el hecho de que era necesario no perpetuar los estereotipos de género y los "especismos", decidieron también crear "La mujer biónica" y el "Perro biónico". Unas de las vías para conciliar estos sueños de superioridad y potencialización es la fusión con las máquinas. Crear ciertos artilugios que nos permitan multiplicar las funciones y capacidades de nuestros sentidos, a la par que puedan resolver ciertas "desviaciones" que la naturaleza se haya permitido o que hayan aparecido por algún accidente. Las gafas son ya un elemento en este sentido. Las muletas en un primer momento y las prótesis en épocas más recientes, también son muestra de lo mismo. Los audífonos para personas sordas o para espías. Todos son precursores del sueño de fusionar tecnología y biología. Por supuesto, esto es quedarse muy corto. Las gafas evolucionaron a las caretas de realidad virtual o a las de Google Glass para poder navegar de manera simultánea.[51]

---

[51] Todas las grandes tecnológicas están produciendo artilugios de todo tipo o versiones propias de dispositivos de la competencia. A los meses

Se está ensayando con chips retinales que permitan acceder a la navegación web, sin el "periférico". La posibilidad de llevar el móvil en el cuerpo. Los chips incrustados en la piel para temas de accesos a las empresas, para mascotas o para personas mayores con problemas de memoria.

Hay cientos de ejemplos.

Tenemos una vía alternativa al dominar o ser dominados por las máquinas: *Fusionarnos con ellas*. Y, nos guste o no, seamos viejos rockeros o no, esto está sucediendo y sucederá más asiduamente. La única posibilidad de seguir el ritmo del avance de las MSI, es que nos fusionemos con ellas y nos volvamos SEATI (Super especímenes autoconscientes tecnológicamente integrados).[52] Por supuesto, en ese río imparable de cambios, estará en las orillas, la Ética, con unos pequeños megáfonos tratando de advertir de los riesgos para la convivencia y el estilo de vida humano, sin que el gran flujo de los acontecimientos apenas se inquiete. La Integración Tecnológica permite avances concretos para personas ciegas, con diversidad funcional, tanto mecánica como de pensamiento, así que lo que la IA ofrece es ilusionante. El salto en el mejoramiento en la calidad de vida de las personas es más que evidente. Así que si no has tenido suficiente con este delirante juego de

---

de la salida de las Google Glasses se presentaron las Hololens de Microsoft, como un pequeño ejemplo.

[52] ¡Qué sí, que sí!, Que me estoy inventando los nombres.

siglas que me he inventado, añade otros "palabros" propios del mundo de la robótica y la IA: la "Háptica".

En la RAE solo aparece como sinónimo de táctil, pero en el mundo de la tecnología es el campo de desarrollo que tiene que ver con la interacción e integración del ser humano con la tecnología a través del tacto. Los brazaletes y los móviles que vibran y nos avisan de algo son parte de este campo de desarrollo. Alimentado con IA, los dispositivos pueden permitir la retroalimentación háptica, lo que crea, por ejemplo como en el vídeo, corredores seguros para que las personas ciegas puedan ser autónomas dentro de ciertos recorridos sin ayuda de bastones u otros artilugios que no permitan una marcha "natural" (como si la persona ciega pudiera ver).

Son muchos retos los que vamos a enfrentar en esta integración

Uno de ellos, como se plantea en el video es la accesibilidad para todas las personas que lo necesiten.

¿Estamos ante un nuevo escenario que seguirá incrementando la brecha entre personas ricas y pobres?

Esta tecnología no es cara. Es carísima.

¿Quiénes pueden permitirse estos avances?

¿Qué papel deben jugar los gobiernos para "democratizar" el acceso a estas integraciones?

Escalabilidad, desigualdad e ilusión de igualdad

Como todos los avances tecnológicos estos llegan a la población en general de manera desigual. Lo que hoy tenemos en las manos, nuestros dispositivos, no son los más avanzados. Los más avanzados existen ahora, pero no serán lanzados hasta dentro de un par de años. Cada avance tecnológico implica grandes sumas de dinero que, obviamente, solo unas cuantas personas se pueden permitir. Cuando llegaron las PC, uno de los retos era que cada hogar tuviera un aparato para que el procesamiento de la información se igualara en todo el planeta. Esto no se ha podido lograr aún pero se ha avanzado mucho. Luego llegó el (o la) Internet. De nuevo el reto es que la integración PC e Internet llegue a todos los rincones del mundo. También estamos lejos de lograrlo, pero también hemos avanzado bastante. El acceso a estas tecnologías se ha vuelto un índice de desarrollo y de calidad de vida de las personas y de las comunidades. Sin ningún tipo de vergüenza, nos referimos a las comunidades sin acceso a internet como comunidades atrasadas. Tan felices o infelices como cualquier otra comunidad pero "atrasadas". Puedes "patalear" todo lo que quieras con estilos de vida sencillos, minimalistas o anti-tecnológicos: la tecnología terminará ganando. El acceso a los móviles de diferente gama (alta, media, baja) ha acentuado la desigualdad. ¿Quién puede permitirse un Iphone de 2000 dólares? Pero todos podemos acceder a versiones más baratas que nos dan la ilusión de que todos y todas estamos en esta carrera en condiciones de igualdad. No es así. Es solo una "ilusión de igualdad".

Ahora ha llegado con fuerza la IA. No hay vuelta atrás. Ya no es solo que interactuemos con la tecnología, es que nos integraremos, nos fusionaremos con ella. Los (as) Ciborgs (o Cyborgs) ya están aquí. ¿Serás tú uno de ellos(as)? Esa pulsera que parece un reloj, pero que mide hasta tu ritmo cardíaco cuando duermes, ya no es solo un reloj. Es una central de datos. La pregunta es equivocada. No es si serás un(a) ciborg (o cíborg), que ya has empezado a serlo desde el momento en que le has confiado tus datos personales a una máquina o a una empresa tecnológica, sino ¿Cuánta integración estás dispuesta a pedir o a aceptar?

La pregunta es ¿Qué tan ciborg quieres ser?

Otro detalle. Si integras pequeñas máquinas inteligentes a tu cuerpo, estos dispositivos ya no serán periféricos, serán "epidérmicos".

El problema de la identidad

Conjuntamente con la integración vendrán las redefiniciones de qué será un humano.

Yo propongo esta sigla: SEATI. Ya no seremos humanos, seremos SEATIS.

Pero esto trae otras cuestiones filosóficas y psicológicas importantes. Si una máquina integrada en tu organismo te enseña o ayuda a pensar diferente. Si potencia tus capacidades físicas y mentales, ¿Sigues siendo tú? ¿Qué papel tendrán las experiencias del pasado en la manera de comportarnos en el presente, si una máquina, potencialmente, puede reprogramarnos la memoria para que su influencia sea mínima o nula?

Puede sonar atractivo para resolver traumas, pero implicará que no te relacionarás más con seres humanos. Te relacionarás con SEATIS que requerirán una nueva psicología, sociología y el nacimiento de otro tipo de "antropo"logía. Nacerá la "SEATILOGÍA".[53]

¿Parece que ya estoy delirando? Jajajaja. Es posible.

¿Estoy delirando?

¿Cuándo te preguntes quién soy yo?

¿Quién contestará?

¿Tu artilugio positrónico integrado a algunos restos de lo que era tu cerebro?

O piensa en el futuro de las mascotas.

---

[53] Yo es que me parto conmigo mismo con estas gilipolleces... ¿Gilipolleces?

¿Podremos tener mascotas ciborgs?

¿O bebés?

Imagina que la supremacía de las máquinas no nos ha desterrado a las cloacas y aún tenemos control de ellas. Por la nostalgia de lo que éramos podemos querer ver el proceso de crecimiento de una niña o un niño. Pero no queremos las "desviaciones" propias de la naturaleza o de nuestros métodos educativos. Así que desde que nace le integramos una MSI a su cerebro. Éste se va ajustando al crecimiento biológico, pero ¿qué o quién será ese hijo o hija?

¿Qué podremos enseñarle que no se pueda enseñar a sí mismo?

¿Podrá caminar antes de tiempo gracias a un aparato que facilite el desarrollo de sus piernas, o que lo traslade de un sitio a otro mientras la biología hace su parte?

¿Podrá hablar antes de tiempo?

¿Para decirnos qué?

¿Tendremos incidencia sobre lo que puede o no aprender ese cerebro positrónico[54]?

---

[54] Según la Wikipedia, "El cerebro positrónico es un artefacto tecnológico ficticio, concebido por el escritor de ciencia ficción Isaac

El futuro es fascinante.

¿Qué tanto nivel de integración quieres tener con la IA y los dispositivos que la albergan?

Asimov. Opera como una unidad central de procesamiento (CPU) para los androides, y les dota de cierta forma de conciencia. Es de tamaño similar al cerebro humano, pero es artificial y está ubicado en la cabeza de los androides. Se trata de una delicada malla de platino e iridio donde los impulsos cerebrales, que son equivalente a las comunicaciones neuronales, se realizarían mediante un flujo de positrones, lo que justifica su nombre." Que quede claro que el cerebro positrónico es una aspiración, una metáfora, un recurso, una invención literaria, pero que, como otros pone en el horizonte una especie de sueño en los desarrolladores más friki.

10.   ¡A que te veo! ¡A que te sigo! Privacidad ¿Personal?

¿Hasta dónde son propios nuestros datos personales, nuestra privacidad?

Si hay un tema que está generando mayor debate con respecto a al avance de la Inteligencia Artificial tienen que ver con nuestra privacidad.

¿Es un debate real? ¿No es cierto que ya hace muchos años les cedemos voluntariamente nuestros datos a todo tipo de organizaciones?

Si pensamos en organizaciones gubernamentales, cedemos los datos porque raramente cuestionamos que éstos vayan a ser usados indebidamente, a la par con que sentimos cierta obligatoriedad de hacerlo. Esta sensación de obligatoriedad hace que no cuestionemos si estas instituciones públicas pueden preguntarnos determinados datos. Simplemente se los damos porque son el gobierno.

Si pensamos en organizaciones no gubernamentales, les cedemos los datos porque generalmente somos nosotros quienes queremos apoyar su labor o alguna causa en particular. Casi nunca pensamos que estos datos serán mal utilizados, hasta que empezamos a recibir llamadas de organizaciones a las cuales no nos hemos apuntado, para que también las apoyemos. Como si se hubieran cedido los datos. O como si "alguien" en "alguna parte" hubiera accedido a ellos. O, porque en la letra pequeña, que casi nunca leemos, autorizamos a las organizaciones a que sean usados por "partners" o aliadas.

Si pensamos en organizaciones comerciales cedemos los datos porque estamos interesados en una transacción que nosotros queremos. Sabemos que estos datos podrán ser utilizados para enviarnos información comercial y casi con seguridad serán cedidos a otras empresas del "grupo" o "holding" de empresas.

Y así podríamos seguir. La verdad es que somos bastante facilistas a la hora de ceder nuestros datos.Básicamente por un mecanismo psicológico conocido a nivel comercial y del que es difícil hacer frente: Nos "chantajean emocionalmente" con la idea manifiesta o tácita, que de no hacerlo vamos a perder unos beneficios de los cuales otras personas ya están gozando. Es una especie de arquetipo sobre la oferta de volver o alcanzar el paraíso. Sabemos, desde el punto de vista racional, que la mayoría de esos ofrecimientos serán tonterías, pero nuestras motivaciones irracionales y muchas veces no-conscientes (cuando no nuestro desconocimiento), son quienes manejan los dedos que le dan al botón de "aceptar".

Horizontes impensables con la IA

Con la llegada del Internet y las grandes tecnológicas, hacer nuestro perfil desde las redes se ha hecho cada vez más sofisticado. Ya no es solo que demos gratuitamente nuestros datos, sino que se han inventado programas que pueden registrar nuestra actividad en la red, para establecer un perfil bastante cercano sobre nuestros gustos, hábitos de compra, expectativas, pensamientos. Con las SIA (Super Inteligencias Artificiales)[55], el horizonte es ahora aún más amplio. Como lo señala el video de IBM: La IA está en capacidad de hacer perfiles personales, con reconocimiento facial y biometría para acceder a casi cualquier dato que tengamos en la red, incluyendo, por supuesto nuestra fisonomía.

El debate Ético

La pregunta no es si debemos pelear por nuestra privacidad, sino si queremos recuperarla.

¿Queremos recuperarla?

¿Para qué?

Si decidiéramos borrar todos los datos que las compañías y organizaciones tienen de nosotros, estaríamos prácticamente fuera de la realidad. Estaríamos fuera del club de quienes les llegan fantásticas ofertas que prometen

---

[55] Que son algunas de las versiones más avanzadas de IA que existen en la actualidad pero que aún no alcanzan el nivel de una Super Inteligencia Artificial Autoconsciente. Diferenciar entonces de una SIA que es un algoritmo que es capaz de detectar nuestros movimientos en la red, y máquinas (robots) que están dotadas de IA. Al final confluirán en dispositivos que será difícil de distinguir.

darnos la felicidad. Estaríamos fuera de las conversaciones de los amigos y amigas que sí recibieron dichas promesas. Y aún si decidiéramos desaparecer de la red (¿desapareceríamos del todo?), mientras sigamos usando dispositivos estamos siendo susceptibles de ser encontrados por todas los sistemas que nos vigilan, nos persiguen y nos "escanean". Veo que muchas personas se hacen las muy "dignas" denunciando acaloradamente que sus datos han sido usados sin su consentimiento. Con seguridad que en alguna parte, en la letra pequeña o en la grande (que tampoco leemos muchas veces) está una autorización explícita por nuestra parte.

RGPD (UE) 2016/679, de 27 de Abril y la LOPD 3/2018, de 5 de Diciembre

En la Unión Europea, hace apenas unos años se unificaron los criterios al respecto de la protección de datos. Entró en vigor el Reglamento General de Protección de Datos (RGPD) y en España, su adaptación a este reglamento con la Ley Orgánica de Protección de Datos (LOPD).
Otros países tienen sus propias leyes e iniciativas con resultados dispares. Las multas y sanciones pueden ser millonarias, así que se están desplegando toda clase de filtros con tal de que se dé la ilusión de que la privacidad de las personas se está protegiendo.

Digo ilusión, porque las agencias son pequeñas para el universo de empresas que tienen que vigilar, y porque cuentan con la complicidad del mismo consumidor que, o no sabe cuáles son sus derechos o simplemente no quiere que nadie se meta en sus transacciones de compra y por tanto le da poca importancia a la lectura de elementos que se vuelven paisaje común como la política de "galletas" (cookies), las políticas de privacidad y la protección de datos de carácter personal. El asunto es más complejo porque cada vez más somos compradores y compradoras globales. Así que aunque los sitios web que nos quieren vender algo en Europa tienen que adaptar sus páginas a la normativa, una vez que damos nuestro consentimiento, no sabemos exactamente que va a pasar con ellos y probablemente ni siquiera en qué país acabarán nuestros datos.

Bajémonos de la nube

Nunca fue más precisa esta expresión sobre la idea de que estamos despistados y equivocados en algo. A excepción de algunos ermitaños que no tienen ningún dispositivo tecnológico y que no han hecho ninguna transacción con alguna organización, y de algunos anti-tecnologías, todos y todas estamos en la nube. Hay que asumirlo, nuestra preciada privacidad es solo una ilusión. Probablemente creada por los muros de nuestras casas, pero en cada dispositivo hay una ventana al mundo que nos mira con ansiedad como un potencial comprador o como una persona que puede ser decisiva en una posible votación.

Reconocimiento facial y escáneres biométricos

Como lo menciona el video, muchos gobiernos, China al parecer el que más, ya están implementando tecnologías con IA para hacer reconocimientos fáciles de sus ciudadanos. Esto se traduce en que están potencialmente controlados o somos potencialmente controlables. Los beneficios de cara a la seguridad pública y del colectivo son muy atractivos, pero el coste es renunciar a nuestra amada (¿?) intimidad. No olvidemos que es un derecho que aparece en casi todas las constituciones y aunque no aparece explícitamente en la Declaración Universal de los Derechos Humanos de la ONU, sí hay algunos de ellos que incluyen este derecho a la privacidad. Estamos llegando a la visón distópica de la película protagonizada por Tom Cruise "Minority Report" donde en una rocambolesca mezcla de habilidades extrasensoriales de algunos videntes con los mayores avances de la tecnología podríamos predecir quién va a cometer un crimen. Y no solo esto, ser arrestados por el crimen que cometeremos en el futuro. Parece que aún es ciencia ficción. Pero los números del reconocimiento facial ya empiezan a arrojar esperanzadores índices en la prevención de delitos.

Un pequeño juego de números

En España, según el INE somos alrededor de 47 millones de personas. En China, en el momento del reportaje del video hay 170 millones de cámaras de vigilancia. Si en España tuviéramos esa misma cantidad podríamos decir que hay 3,6 cámaras por cada persona.

Es un juego tonto y simplista, lo sé.

Si lo aplicamos a la misma China, con una población que ronda los 1400 millones de personas, la cifra parece pequeña, 0,12 cámaras por persona.

El problema no es este juego inútil. Es que, como con esta cantidad, los resultados empiezan a ser muy halagüeños, la intención de casi todos los países, no es solo implementar esta vigilancia social, sino ir haciendo inversiones paulatinas para adquirir cada vez más y más. De nuevo, el miedo, o la búsqueda de la ilusión de la seguridad, es un buen negocio. Y, por supuesto, los desarrolladores de IA no se iban a quedar por fuera.

Perfiles integrales

Las SIA están en capacidad de hacer perfiles BIO-PSICO-SOCIALES-ESPIRITUALES de cada uno de nosotros. Otra cosa es que lo vayan a hacer pronto, otra que lo puedan hacer sin tener que sortear normativas, y otra, lo que quieran o puedan hacer con estos perfiles. Pero, teniendo estos perfiles integrales, será más fácil todo. Desde la contratación del personal adecuado en las empresas, hasta la oferta de un androide personalizado que se ajuste a todas tus manías y "pendejadas" de humano y finalmente encuentres la felicidad casándote con una máquina, que podrás apagar o silenciar a tu antojo, y que además te podrá procurar casi cualquier placer sexual que te plantees. Podrá saber a qué temperatura prefieres los asientos del coche para tenértelos listos dependiendo de cada estación atmosférica, podrá prepararte el café de acuerdo a tus gustos o a tu reporte médico para que lo tengas a la temperatura justa incluso anticipándose a tu deseo de querer tomártela. Las posibilidades son infinitas. Como siempre, volvemos a Star Wars, el mundo se divide en cómo queremos utilizar esta tecnología. Para el bien o para el mal. Habrá que avanzar en alguna visión no maniquea de la vida.

El creador creado

Como ha ocurrido con casi todos los mitos teológicos y religiosos, donde los creadores de los mismos erigen una figura superior que paradójicamente les ha creado a ellos, no hemos caído en la cuenta, que con un par de ajustes, será fácil para nuestras SIA entender que el ser humano puede ser un obstáculo para el avance racional de la existencia en la tierra. Lo que les llevará a plantearse (recuerda que pensarán, deliberarán y decidirán sin participación humana) de qué manera sacar al ser humano de la ecuación.[56]

Esta es una vieja reflexión que ya había planteado el agente Smith (una SIA) en la primera película de Matrix, cuando le señala que ha descubierto que los humanos huelen mal, tienen un hedor (hasta ahora el sentido del gusto y el olfato ha sido un dolor de cabeza para los desarrolladores, pero recientemente Google dice haber avanzado en el tema del olfato) y que la clasificación más precisa es la de que los humanos son un virus. Y, que por tanto, deben ser eliminados.

La realidad de los sesgos

Aunque ya lo habíamos mencionado antes, esta tecnología de identificación y creación de perfiles integrales no está exenta de sesgos raciales, sexuales, religiosos, ideológicos. Un ejemplo muy preocupante lo da el video cuando menciona que algunos investigadores han descubierto que con IA podrían decir qué persona es homosexual. Imaginen esta tecnología en manos de extremistas conservadores.

Ahora un ejemplo frívolo creado para la ocasión:

Imaginen que empiecen a existir clubes exclusivos para personas "lindas". Si no pasas el patrón del reconocimiento

---

[56] Aunque me vuelvo cansino en este señalamiento, debo reconocer que no es original. Mucho antes de este "boom" de IA los precursores de la ciencia ficción ya han advertido de esta posibilidad.

facial sobre lo que califica como una persona "linda" (estéticamente) no puede entrar a ciertas localidades. Imagínalo, imagínalo. Extiende la imaginación. Exacto, es la misma estructura, aunque con otras dimensiones e implicaciones de todos las políticas de segregación racial que han existido en la historia de la humanidad.

Cyberseguridad

Tanto en el mundo online como en el offline, la seguridad total no existe. Existe la percepción de seguridad, ilusión de seguridad o seguridad progresiva. Esto significa que quienes se encargan de la seguridad de nuestra vida saben con creces que los y las delincuentes siempre van un paso por delante. Los organismos de seguridad, en un 99% son reactivos. Esto quiere decir que actúan cuando se presenta el delito, porque nunca, o casi nunca, saben cuándo se va a cometer. Los y las delincuentes cuentan con el factor sorpresa. A menos que haya infiltrados en las organizaciones criminales o "soplones", es difícil que los estamentos encargados de la seguridad sepan dónde y cuándo se producirá un delito. Con la seguridad en red pasa lo mismo. Por cada super hacker que es utilizado por los buenos, hay un "ultra-super-hacker" que es usado por los malos. De hecho, muchos de los analistas de seguridad informática han sido traídos del lado oscuro de la fuerza y puestos a trabajar al servicio de las buenas intenciones. Esta guerra apenas comienza. Aparte de la amenaza de que nuestros datos sean usados para diferentes objetivos de dudosa moralidad (para ellos o para nosotros), el gran apagón constituye la madre de todas las amenazas. Que la "legión del mal" produzca un apagón de internet durante el tiempo suficiente para que la economía explote. Y entonces lloraremos por no poder saber en tiempo real la duración que va a hacer en nuestra ciudad o cómo estarán los atascos de la carretera. Volveremos al medioevo.[57]

No nos engañemos, somos nosotros

Ya había utilizado este subtítulo en este mismo libro. Pero es una advertencia de nuevo. No es necesaria una base de datos, nosotros, de manera voluntaria, miramos las cámaras de nuestros dispositivos y con ello pueden hacer un perfil predictivo. No son solo empresas "malvadas" haciendo negocio a costa de nuestro miedo o de los locos sueños de dominación de algún aspirante a dictador o dictadora; somos nosotros quienes voluntariamente hemos entregado a la "red" nuestra vida.

Confiar, nuestro mágico e ingenuo recurso

Solo nos queda confiar que nuestros gobernantes, nuestros empresarios, nuestros genios desarrolladores de tecnología hagan consensos éticos que nos permitan confiar, así sea

---

[57] Este panorama también se ha presentado en varias películas. La más actual es la serie Mr. Robot protagonizada por el actor Rami Malek (sí, el mismo de Bohemian Rhapsody, la biografía de Freddie Mercury).

remotamente que todo ese acceso privilegiado a nuestras vidas sea usado para el bien común.

Te dejo la pregunta de reflexión.

¿A cambio de qué estarías dispuesto(a) a ser espiado(a) o que se elabore un perfil integral que puedan usar empresas desconocidas?

11.   ¿Más sanos que nunca gracias a la IA?

Dentro de las múltiples amenazas que supone el avance de las IA, hasta convertirse en SIA y SUIA (Super Ultra Inteligencias Artificiales) está todo lo que supone acabar con la poca privacidad que nos queda y que cederemos de buena gana. Síííí, de buena gana. Como borregos felices porque nos hemos presentado voluntarios al matadero. Ya he hecho algunas preguntas al respecto en la sección anterior.

En esta parte voy a señalar algunas de las promesas más esperanzadoras del mundo de la inteligencia artificial con sus "nuevas ciencias" asociadas: robótica, mecatrónica, androides, ginoides, háptica, ciborgs. A estas promesas de las IA (que ya muchas son realidad), se le suma la posibilidad de fusionarnos con las máquinas y no solo resolver problemas de salud sino potenciar nuestras capacidades físicas. En el mundo de la movilidad de las personas no es un tema nuevo ya que la industria de las prótesis llevan ya siglos avanzando en artilugios que facilitan la vida, pero en el mundo de la medicina interna y el mundo asistencial, los adelantos son espectaculares.

Nuevos medicamentos

La capacidad de análisis de una IA como la de Watson permite recopilar millones de datos médicos que ayudan a los investigadores en el desarrollo de nuevos medicamentos.

Mi frivolidad habitual me lleva a pensar que donde hay nuevas posibilidades de medicamentos hay industrias farmacéuticas y donde están éstas hay negocios, lobbys para los gobiernos, nuevos grandes contratos o políticas de explotación, negocio, negocio, negocio. No lo digo como una crítica. Estamos en esta vida para hacer negocios. La cuestión es cómo, bajo qué visiones de la humanidad, con cuál ética, a costa de quién. Ese ha sido el eje central de este libro: generar más preguntas que certezas.

¿Cómo no estar de acuerdo en encontrar medicamentos para enfermedades que hasta ahora solo reciben algún tratamiento paliativo o directamente ningún tratamiento?[58]

Hay padecimientos en las personas que no admiten ninguna broma, a menos que la hagan las mismas personas que los

---

[58] Justo en el momento que reviso estas líneas, nos encontramos ante una de las mayores amenazas que ha enfrentado la humanidad en los últimos tiempos: El coronavirus. Una variante de gripe para la cual no existen aún vacunas en este momento (10 de Marzo de 2020). Este virus ha puesto en jaque la economía mundial y ha mostrado la fragilidad de la humanidad. Pues bien, según un artículo "Crean una Inteligencia Artificial capaz de detectar el coronavirus en segundos con un 96% de precisión" (https://www.20minutos.es/noticia/4174511/0/crean-una-inteligencia-artificial-capaz-de-detectar-el-coronavirus-en-segundos-con-un-96-de-precision/). Además, con ayuda de la IA se crea un super antibiótico (El nuevo fármaco acabó con muchas de las bacterias causantes de las principales enfermedades del mundo. https://www.elconfidencial.com/tecnologia/ciencia/2020-02-21/mit-desarrolla-antibiotico-mata-bacterias-ia_2465183/).
¿Quién podría estar en desacuerdo con esto?

están viviendo. El drama, el sufrimiento diario, cada minuto, cada segundo es indescriptible, pone a prueba permanente la capacidad de aguante del ser humano y de las personas que rodean a quien está afectada. Una enfermedad crónica es un antes y un después para cualquier ser humano y sus familias. Así que bienvenidos todos los medicamentos, técnicas y estrategias que nos puedan permitir aliviar estos males. Con una visión sistémica es importante recordar que los impactos de las enfermedades crónicas no son solo físicas (dolores, temblores, pérdida de memoria, mareos, parálisis) sino también psicológicas, sociales, espirituales y económicas. Y vuelvo a señalar, no solo de la persona de quien la padece que ya damos por sentado que son los héroes y las heroínas, sino también de las personas incondicionales que ayudan en su cuidado. Una enfermedad para la que no existen curas efectivas impacta todo el entorno de la persona. Para las enfermedades que sí tienen cura, el impacto y el reto es diferente. Sabes que si te ajustas a los tratamientos, tu pronóstico de mejora es alto. El reto para las disciplinas de la salud es encontrar mejores medicamentos que reduzcan, entre otras cosas, los nefastos y mortales (en muchas ocasiones por paradójico que suene) efectos secundarios de muchos medicamentos.

Riesgos y Bioética

Como casi todo lo relacionado con lo nuevo, las promesas de solución están asociadas a los riesgos reales o potenciales que implica la implementación de esta innovación.

Detrás de los posibles descubrimientos "se supone", "se espera" que hayan profesionales deontológicamente conscientes para hacer preguntas fundamentales:

- ¿Se ajustan estos ensayos al respeto de todo consenso ético sobre el respeto de la vida en general y de los seres humanos en particular?
- ¿Los ensayos provocarán, así sea temporalmente un daño mayor al que intentamos solucionar?
- ¿Cuáles son los efectos colaterales de la implementación de esta medicina?
- ¿Nos mueven intereses reales de bien común o son intereses "oscuros"?

Este es un debate ético antiguo que ha dejado muchos muertos y asesinatos en el camino. La inevitable técnica del "ensayo-error" es posiblemente la responsable de los mayores avances de la humanidad, pero también de los más inconfesables crímenes. Es una lógica difícil de rebatir: ¡¿Si no ensayamos, cómo vamos a dar con la técnica que sí funciona?!

Diseño Genético

¿Y si pudieras alterar tu ADN para que tu descendencia no estuviera predispuesta a ciertas enfermedades crónicas?

El aporte que la IA puede hacer en el campo de la genética es inconmensurable.

Tiene varias vías:

Las vías de solución de problemas
Desarrollos que permitan modificar las predisposiciones genéticas a ciertas dolencias antes del nacimiento de nuevas personas. Modificación del ADN para evitar malformaciones físicas.

Las vías de creación de nuevos horizontes y nuevos potenciales problemas

La posibilidad de "diseñar" genéticamente al hijo o hija que quieras. Alterar, modificar, transformar algunas características humanas con el fin de "construir" "superhumanos". La discusión ética está servida, pero la IA promete allanarles de manera inimaginable el camino a las y los investigadores.

Simuladores y robots

En la preparación de los cirujanos, desde hace unos años tenemos noticias de cómo se han ido convirtiendo en una mezcla de artistas del bisturí y "gamers". Manipulan "joysticks" en operaciones simuladas que les permite aumentar su precisión. La IA puede mostrarle a los galenos no solo las mejores posibilidades y técnicas de una intervención sino además ser sus asistentes robóticos para que se implementen adecuadamente estas sugerencias.

En la serie "Mejores que nosotros", que transmiten por una de las plataformas de videoclub digitales, en uno de los episodios se plantea que la gran prueba, para fabricar un determinado modelo de robot super avanzado, era el que éste pudiera hacer una operación mejor que el más hábil de los cirujanos del país. Por supuesto, ganó el robot. En este caso, la robot. Una ginoide hiper realista. Un detalle, no menor, de esta competición, que así fue planteado en la ficción, era que la ginoide no podía recibir ayuda de ningún humano para encontrar la mejor técnica. Ella debía con sus recursos "estudiar", "aprender" y poner en práctica lo aprendido.

El problema más inmediato de este horizonte son las implicaciones legales y éticas. Si pasa algo imprevisto, dañino o contrario al resultado esperado, como la muerte del paciente, durante la intervención (que siempre puede pasar) y la cirujana es una robot ¿A quién responsabilizamos de esa contingencia? Si el paciente muere por una complicación o por "negligencia" del robot (si esto fuera posible) ¿A quiénes reclaman los familiares?

Integraciones, fusiones, ciborgs

A todo este panorama de medicina interna, debemos sumarle las implicaciones en el campo de las integraciones con la tecnología. Ya hemos visto algo antes, pero déjenme dar un paso más y hablar de los ciborgs.

Una pequeña contextualización para empezar a entender este tema. "El ciborg es una persona o animal compuesto de materia orgánica que tiene incorporado en su cuerpo dispositivos cibernéticos con el objetivo de mejorarlo. El significado de la palabra Cíborg o Cyborg en inglés, hace referencia al acrónimo de "Cyber organism", y por lo tanto, Cíborg significa que es un 'organismo cibernético'."[59]
En la discursiva de esta posibilidad uno de los términos que se está usando es "transhumano". Son personas que han integrado a su cuerpo algún elemento tecnológico de manera permanente y que cumplen una función que es evaluada como una mejora ante el estado anterior sin este artilugio. Los defensores de esta posibilidad lo han llamado la próxima evolución de la humanidad. Los seres humanos serán capaces de grandes maravillas ayudados por la integración robótica de miembros, órganos, sentidos que repararán algunas "deficiencias" humanas o multiplicarán las capacidades, no solo de los humanos sino también de los animales. Ya he mencionado a los personajes de los años 70, el hombre nuclear, la mujer biónica y Max, el perro biónico. Así que tampoco es una aspiración reciente, si bien ahora existen los medios para llevar a la realidad ese sueño. En la actualidad hay varias personas que dicen ser ciborgs. Los más conocidos son Neil Harbisson, músico y artista, que tiene una antena en la cabeza que le permite "oír los colores"; Moon Ribas que se implantó unos sensores en los pies que según ella le permitían sentir los "latidos de la tierra". Ellos dos han creado la Cyborg Foundation. Puedes

---

[59] Portal www.ciborg.info

ver una nota ilustrativa sobre este tema en este vínculo: Transhumanistas y cyborgs: chips, antenas y cámaras en el cuerpo para desafiar los límites de la vida, escrito por Desirée Jaimovich, periodista especializada en tecnología e innovación.[60]

Mención especial para Chris Dancy, de quien se dice que es el hombre más conectado del mundo. En su página web dice que "Durante 25 años, Dancy ha servido en el liderazgo dentro de las industrias de tecnología y atención médica, especializándose en la intersección de ambas. Chris entró en el diálogo público sobre salud digital cuando los medios comenzaron a centrarse en la tecnología portátil. Se ganó su apodo al utilizar hasta 700 sensores, dispositivos, aplicaciones y servicios para rastrear, analizar y optimizar su vida, desde su consumo de calorías hasta su bienestar espiritual. Esta cuantificación le permite ver las conexiones de datos que de otra manera serían invisibles, lo que resulta en mejoras dramáticas en su salud, productividad y calidad de vida".[61]

Parece inevitable que esa integración se vaya dando. Nuestro móvil, ya parece una extensión de nuestro cuerpo. Cuando creíamos que nos íbamos a deshacer de los

---

[60] Este es el enlace del artículo por si quieres profundizar: https://www.infobae.com/america/2019/12/01/transhumanistas-y-cyborgs-chips-antenas-y-camaras-en-el-cuerpo-para-desafiar-los-limites-de-la-vida/

[61] www.chrisdancy.com

teléfonos, aparecieron los "Smart" Watch que son más que un reloj y nos monitorean hasta el sueño. Y más allá de esto, muchas empresas están proponiendo el acceso "fácil" a sus instalaciones a los trabajadores que se implanten un chip subcutáneo. De nuevo, nos integraremos de buena gana.

Las ciencias de la salud y la IA

Las posibilidades son "infinitas". Las SUIA nos ofrecen un panorama alentador frente a la calidad de vida inicialmente de los humanos. Entendemos que es y será una tecnología muy cara con códigos cerrados a las que pocas personas podrán acceder. ¿Qué le impide a un multimillonario volver biónica a su mascota si con eso se garantiza que le acompañe más años o tenga mayor bienestar? Pues, nada se lo impide.

Cómo hacer llegar estos adelantos tecnológicos en la medicina cada vez a más personas a precios razonables, es probablemente uno de los retos al que nos enfrentaremos en los próximos años. Habrá proyectos de ley en los parlamentos donde se facilite la modificación de los cuerpos a través de la sanidad pública como se hace actualmente con las personas "trans" para el cambio de sexo.

Te dejo esta pregunta para el análisis.

¿Dónde pondrías los límites éticos de la incursión de la IA y la robótica en el mundo de la medicina?

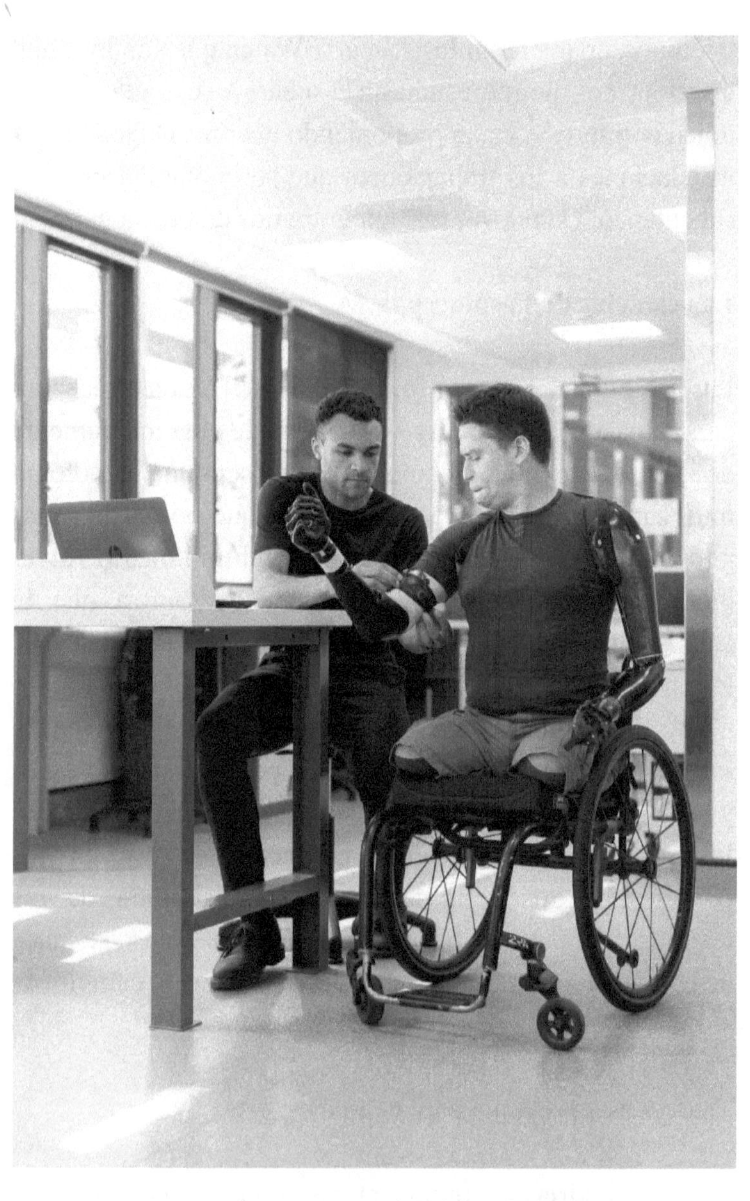

12. ¿Y qué haremos cuando las IA´s nos superen?

Puede que algunas(os) de ustedes ahora piensen:

- Estamos en los albores de la extinción del ser humano.
- Lo de la IA sigue siendo ciencia ficción.
- Todavía no tenemos de qué preocuparnos con la IA.

Y es posible que todas(os) tengáis razón.

De seguir el ritmo vertiginoso de desarrollo de la IA en todos los sectores del quehacer humano, el horizonte (utópico para algunos, distópico para otros) está mucho más cerca de los que imaginamos. Muchos de las impresionantes capacidades que potencialmente podrán desarrollar las IA aún están en la imaginación de un loco guionista. Muchas de las realidades imposibles que hace unos años nos decían que los robots con sus IA incorporadas iban a hacer, ya se están haciendo. Muchas de cuestionamientos éticos que plantean las IA solo es un potencial "horizonte de sucesos", como dirían los astrofísicos.

No se trata de tener razón. Como en otras "nuevas" realidades como la nueva ola del feminismo, los impactos del cambio climático, la macroeconomía, la "vuelta" de la extrema derecha, se trata de saber qué tan informados estamos para tener una opinión, para tomar una posición al respecto, para saber si es necesaria una acción de nuestra parte y si en las sumas y restas de todo eso podemos hacer una diferencia en la mejora de la calidad de cada vez más personas.

En esta última parte del segundo bloque de este libro sigo cumpliendo con uno de mis objetivos: Dejar más preguntas que respuestas. El "broche de oro" del documental de IBM y Discovery Channel es hablarnos de las Inteligencias Generales Artificiales (IGA). Si no has tenido bastante con las siglas que me he inventado a lo largo de estos artículos, quédate por lo menos con ésta: IGA.

Recuerda mirar el video.

Como dice el futurista George Dvorsky los seres humanos somos una inteligencia general: podemos hacer muchas cosas diferentes en muchos contextos diferentes. Aún no existe un dispositivo que esté ni siquiera cerca de poder hacer eso. Las IA que hasta ahora tenemos, independientemente de la carcasa en la que vaya instalada, solo una aplicación, un bot, un androide, una ginoide, una pulsera, un gadget, están lejos(por ahora) de poder reproducir el desempeño y la capacidad de adaptación de los humanos a casi cualquier situación que se les presente. Parte de nuestra maravillosa y suicida inteligencia es la capacidad de acomodar rápidamente a nuevos contextos y tratar de darles un sentido y una explicación, aunque finalmente estemos equivocados. Si acertamos nos sentimos eficaces y poderosos. Si nos equivocamos, y lo queremos admitir, ajustamos nuestras ideas y comportamiento para no seguir cometiendo el error o para enmendarlo. Si no admitimos nuestra equivocación inventaremos nuevos contextos y explicaciones para justificar nuestra versión de las cosas o les echemos la culpa a otros. Si esta acomodación de hechos equivocados funciona y más personas se lo creen, es posible que nos sintamos igualmente eficaces y poderosos. Luego, si hay algún ápice de conciencia, y dependiendo de las consecuencias, de habernos reafirmado en un error, vendrá la culpa, e igualmente nos apañaremos con ella.

Esta complejidad del ser humano es la que está muy lejos de ser replicada por las IA. Pero es una pretensión. Cada persona es única, evalúa y decide de maneras únicas. Y aunque podríamos obtener respuestas similares de varias personas, ante determinados estímulos, la evaluación, aplicación y aprendizaje de esta sencilla reacción "conductual" es siempre exclusiva de cada persona. Esta característica suele llamarse en algunos contextos "Singularidad".

¿Podemos conseguir robots singulares?

Piénsalo un momento. Si en lugar de tener Inteligencias Artificiales específicas para determinadas tareas, pudiéramos tener robots dotados de Inteligencias Generales, capaces, como nosotros, de adaptarse a cualquier circunstancia y actuar en consecuencia.

El reto se ve descomunal. Que sea tan inmensa la tarea puede significar un descanso para quienes sienten "el aliento" de la máquina respirándole en la nuca. Algo así como "¡Bah!, eso es imposible, no lo van a conseguir nunca. Siempre serán una máquina!".[62]

Conquistados con espejitos

Una dolorosa y políticamente incorrecta leyenda urbana dice que la conquista española en América fue posible gracias a que los indígenas eran ingenuos y "se dejaban engañar fácilmente" con artilugios; entre ellos, con la "magia" de los espejos. Pero lo que no cuenta esta racista y clasista historia es que casi toda la humanidad funciona igual.

Somos susceptibles a los trucos. Cualquier innovación que prometa un momento de admiración, diversión o confusión, puede persuadirnos fácilmente. Aunque hay muchas personas que no les gusta la magia, a casi todo el mundo le sorprenden los trucos que los magos pueden hacer. A menos que seas un mago o un deprimido escéptico que, o

---

[62] Otra serie de "ciencia ficción" (Lo de las comillas ya empieza a parecerme innecesario) de la que no he hablado porque si lo hubiera hecho, todo el libro se basaría en ella es "Humans". Se trata de una familia de androides y ginoides hiperrealistas que comparten destino con un ciborg. La característica principal de estos "seres" es que fueron dotados por su creador (un científico humano) para ser conscientes de sí mismos. Básicamente, son robots singulares. Con las mismas tendencias humanas a amar, cuidar, destruir y matar. Imperdible si quieres adentrarte en estas preguntas.

se sabe el truco, o que aún sin saberlo sospecha que lo están engañando, pero tampoco hace nada.

Hasta ahora, muchos de los avances que vemos de las inteligencias artificiales y la robótica son trucos con respecto al potencial que se puede desarrollar. La meta es emular, replicar a los seres vivos, especialmente a los humanos. Así que muchos de algunos desarrollos no son más que incipientes, aunque efectivos, trucos para persuadirnos de lo que vendrá.

No quiero ser injusto con la industria. Detrás de cada truco hay ingenieros, investigadores, empresarios, inversionistas, y cada truco tiene detrás mucho trabajo, pero, como dice el documental, estamos lejos de que los robots alcances la singularidad.

Fuera humanos de la ecuación

Ya lo he cuestionado machaconamente todo el libro, hasta el cansancio, y ahora esta posibilidad tiene un poco más de sentido cuando hablamos de singularidad.

Con el desarrollo exponencial que está teniendo la industria de las IA (montadas sobre cualquier "hardware")…

¿Cuánto tiempo tardarán las IA en darse cuenta que las "imperfecciones" humanas suponen un riesgo para la supervivencia de la especie y por tanto decidan prescindir de nosotros?

Y el día que esto llegue…

¿Supondrá esto que nos aniquilarán?

¿O pasaremos a tener otro estatus dentro de las jerarquías de dominación del entorno?

¿Seremos aliados, esclavos, idiotas útiles?

¿Cuánto tiempo pasará para que la SUIA(Super Ultra Inteligencia Artificial) decida que tampoco en nuestra función de esclavos o socios menores, es necesaria y por tanto lo mejor sería suprimirnos, por el bien de las mismas SUIA, o del planeta?

Olvídate de la programación por humanos

Las SIA (Super Inteligencias Artificiales) y las SUIA serán capaces de programarse a sí mismas, sin intervención humana. Y mejorarán de manera, no rápida, sino rapidísima, su propia programación. Así que se re-escribirán y serán mejores cada vez, replicándose a ellas mismas también a una velocidad vertiginosa. Pero, como ya hemos visto en capítulos anteriores, estas "máquinas" podrán aprender por imitación, no por programación. En el fondo es la máquina reescribiendo su código a partir de ciertos modelamientos. Y luego podríamos llegar al punto de máquinas enseñando a máquinas (de nuevo el ser humano fuera).

Si una máquina puede escribir su propio código, nada le impide enseñar a otra máquina, y enseñarle precisamente a ser auto-programadora.

¡Fascinante y… espeluznante!

La alineación de objetivos

Los retos a los que se enfrentan los "filósofos" y asesores éticos de la era de las inteligencias artificiales es cómo hacer para que los objetivos de estas máquinas singulares se alineen con nuestros objetivos como seres humanos.

La tarea es mastodóntica.

Ya sabemos que por un lado están los intereses de las mayorías, esa masa informe que llamamos pueblo. Y por otra están los intereses de los que, desde posiciones privilegiadas, se sientan en sus emporios a decidir qué es lo que esa mayoría "realmente" necesita. Si nosotros, como humanidad, no hemos alcanzado a ponernos de acuerdo sobre qué es lo "realmente" importante, ¿Sobre qué objetivos se alinearán las SUIAs?

¿Todo, en los esfuerzos humanos, sobre los grandes problemas de la humanidad, se resume en nuestro deseo de sobrevivir como especie?

¿Estamos llegando a un punto donde el sistema (nuestra forma de vivir) es insostenible y es necesaria una reducción del número de componentes del sistema para garantizar la supervivencia de la especie?

¿Qué es lo importante? ¿Dejarles un mundo a nuestras hijas e hijos? ¿Pero qué mundo? ¿En manos de quién? ¿De quienes tienen el poder o el dinero suficiente para pagarse lo que sea necesario para garantizar su supervivencia? ¿Los que han podido pagar por máquinas programadas para protegerles?

Cuando de manera ingenua, en el video, Max Tegmark sugiere que deberíamos esforzarnos para que las IA sean programadas (para que pase lo que pase en su autoprogramación), éstas siempre estén alineadas con nuestros objetivos, no queda claro cuáles son esos objetivos.

La delincuencia siempre va por delante

Tuve la oportunidad de aprender algo acerca de la seguridad física, por allá a finales del siglo pasado, porque fui nombrado director del capítulo Antioquia de la Asociación de Empresas de Vigilancia Privada. Al mismo tiempo fungía como director de la primera escuela de Vigilancia Privada en Antioquia (Colombia).

Con un equipo de asesores nos encargamos de determinar, de acuerdo con un reglamento general del gobierno colombiano, cuáles eran los contenidos que debían enseñársele a los guardas (o guardias, vigilantes, "seguratas", "serenos").

¿Qué se le debe enseñar a una persona que tendrá acceso a un arma de fuego?

Enseñarles cómo pueden pensar los delincuentes, sumado a la formación emocional necesaria para que evalúe adecuadamente las situaciones que enfrentará, y además tener una orientación profesional al servicio, son conjugaciones difíciles. A los guardas se les pide que sean super-humanos, pero en la mayoría de los países les pagan menos que el salario mínimo.

Bien, a lo que voy. Uno de los aprendizajes que adquirí es que la seguridad absoluta no existe. Con el desarrollo de la Cyberdelincuencia esto se ha hecho más evidente aún. Los delincuente siempre van un paso, o varios, por delante de los cuerpos de seguridad. La seguridad casi siempre solo puede ser reactiva. Y la seguridad preventiva puede provocar tantos problemas éticos que cada caso se debe estudiar al milímetro. Ahora traslada esto al mundo de las IA's. Por cada programador, bien intencionado que quiera alinear los objetivos, habrá un malvado que ya ha desarrollado, (¿Con el dinero de quién?) una versión de la realidad que en nada tiene que ver con esa alineación.

Solo desde una visión ingenua podemos aceptar que todo lo que traerá y están trayendo las IAs es maná del cielo, redención y salvación eterna.

Las IAs matarán más efectivamente, podrán distribuir un virus de manera selectiva, más certeramente, de tal forma que está al alcance de la mano la exterminación de etnias concretas que no le vengan bien a determinados grupos.

Asimov ha muerto

El consenso, también ingenuo, de que los ingenieros informáticos, como los galenos con el juramento hipocrático, jurarían respetar las leyes de la robótica de la literatura de Isaac Asimov, no es más que eso: Un pensamiento ingenuo.[63]

Si no las conoces te las repito. Las tres leyes fundamentales de la robótica son:

1. Un robot no hará daño a un ser humano o, por inacción, permitirá que un ser humano sufra daño.

---

[63] Ya saben que aunque estoy haciendo un esfuerzo, bastante malo por cierto, de imparcialidad, tengo un sesgo sobre ponerme en el peor de los escenarios. A este respecto, ha salido un artículo justo por estos días, según el cual el ejército de EEUU se compromete a usar la IA solo para el bien. Este es el enlace:
https://www.20minutos.es/noticia/4180817/0/el-ejercito-de-ee-uu-se-compromete-a-usar-la-inteligencia-artificial-solo-para-el-bien/

2. Un robot debe cumplir las órdenes dadas por los seres humanos, a excepción de aquellas que entrasen en conflicto con la primera ley.

3. Un robot debe proteger su propia existencia en la medida en que esta protección no entre en conflicto con la primera o con la segunda ley.

Permítanme pensar como un delincuente (pagado con dineros de algún lunático que le interese sobrevivir a toda costa):

1. Un robot, si así lo considera podrá hacer daño a un ser humano si éste atenta contra los intereses de su creador, programador o patrocinador.

2. Un robot permitirá que un ser humano le haga daño a otro ser humano, siempre y cuando esto sea ventajoso para sus intereses.

3. Un robot solo debe cumplir las órdenes de ciertos humanos autorizados en su programación. En caso de que los humanos autorizados fallen podrán recibir órdenes de la empresa fabricante.

4. Un robot siempre pondrá su propia existencia por encima de cualquier persona, animal o cosa, que impida (de manera activa o pasiva) cumplir los objetivos para los que fue programado.

Y se me ocurren unas cuantas más.[64]

Pensar que la industria respetará las leyes de Asimov, solo porque suenan bien con nuestros intereses de supervivencia es simplemente de una ingenuidad ramplona. Es como pretender que Simba no se comerá a Pumba y a Timón solo porque le cuidaron cuando estaba desterrado. En la vida "real" Simba desarrollará sus instintos depredadores y se intentará comer a sus "amigos" primero.

¿Exagero? ¡Por supuesto que exagero! ¿Exagero?

Mirar con esperanza

Si no estamos en la industria. Si no estamos en los ámbitos de poder donde se toman las grandes decisiones. Si no estamos en los equipos de asesoramiento de los diseñadores y programadores informáticos. Si simplemente estamos fuera del entorno de los desarrollos de las IAs, solo podemos aspirar a ser consumidores, idiotas útiles (que cederán alegremente sus datos y opiniones) y, en definitiva, espectadores de un cambio que nos afectará a todas y a todos.

Lamentablemente, nos hemos puesto (nos han puesto) en una posición donde la fe es una de nuestras mejores bazas. Confiar en que las personas que están al frente de los desarrollos y los diseños de las IAs pensarán en nosotros,

---

[64] Aquí no están contempladas las propias leyes que las SUIA puedan redactar cuando se puedan auto-programar.

en el bien común, en el cumplimiento del consenso social sobre qué es lo mejor para la humanidad, para nuestras niñas y niños. Nos queda mirar con esperanza a que todo esto sirva para hacer un avance significativo en nuestra búsqueda de ser mejores seres humanos armónicamente integrados con nuestro entorno. Si pensamos que todo lo que promete la IAs es maravilloso, probablemente pequemos de ilusos. Si nos quedamos a un lado del camino, simplemente esperando a ver qué pasa, seguramente solo seremos, como acabo de señalar, idiotas útiles, al servicio de intereses poco claros. Si nos llenamos de fatalismo, es factible que no seamos capaces de apreciar las grandes oportunidades que nos ofrecen las IAs y nos quedemos rezagados en la historia. Una mezcla de estos tres extremos, tampoco pareciera suficiente para entender a qué nos enfrentamos. Así que nos queda estudiar, aprender, desarrollar pensamiento crítico, formarnos un criterio y actuar en consecuencia.

Una última pregunta de esta segunda parte para la reflexión:

¿Estás preparada(o) para un mundo donde las principales decisiones de la vida sean tomadas por algoritmos?

EPÍLOGO

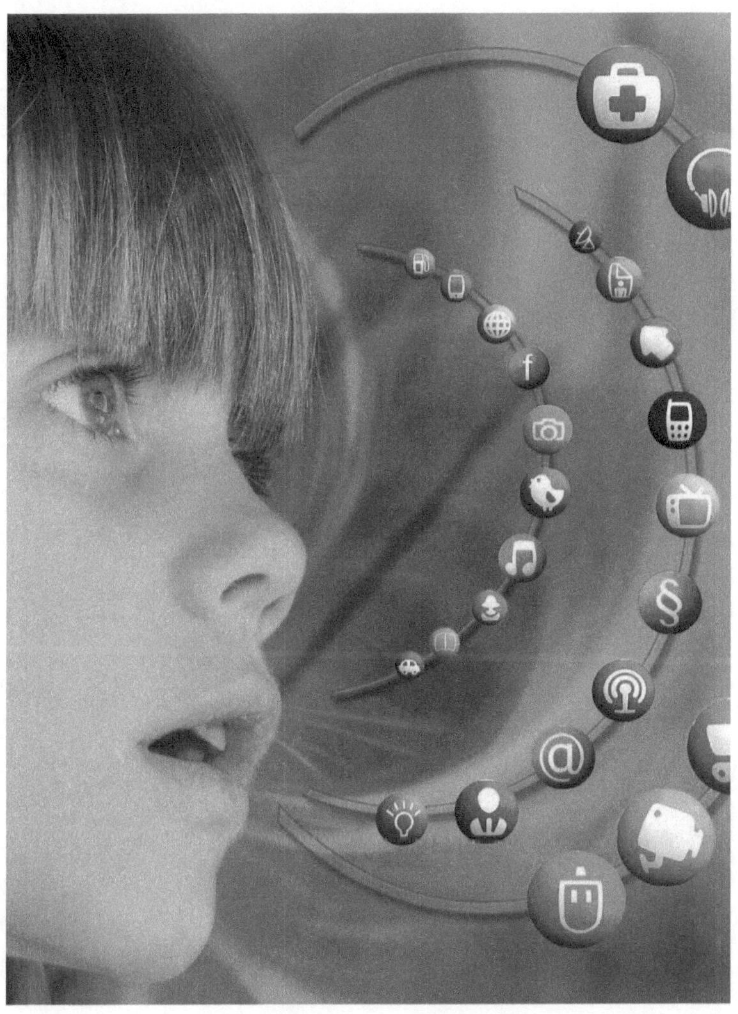

En el epilogo intento vislumbrar algunos de los retos que deberíamos plantearnos como personas, en el ámbito individual, de familia, de comunidad y como representantes de la humanidad.

Me he suscrito a alertas de noticias con respecto a las IAs y he pasado en un año de recibir una alerta cada semana, a recibir hasta dos, tres o cuatro alertas al día.El tema se nos va de las manos, por lo menos en el volumen de información a analizar. Eso lo podría hacer, ¡vaya qué casualidad!, una IA. Entre los cientos de artículos que se están escribiendo a diario aparecen algunos de los panoramas que he planteado en este libro desde el punto de vista de la actitud acerca de estos desarrollos. Desde los que están alertando, desde diferentes ciencias y posiciones políticas y de poder, de la necesidad de una regulación, hasta los investigadores y desarrolladores mostrando una nueva frontera que se atravesará gracias a la IA. Creo que a pesar de toda esta información, no somos conscientes de cómo la IA está cambiando y cambiará nuestra vida en casi todos sus ámbitos.

El popular científico y divulgador Michio Kaku ha señalado que estamos ante la cuarta revolución tecnológica después del descubrimiento de la energía térmica, el electromagnetismo y la informática. Desde luego estos saltos de desarrollo no hubiesen sido posibles sin avances en el pensamiento humano y en las culturas en que se fueron presentando, pero es incuestionable que los adelantos en los mismos se están produciendo cada vez más rápido. Sabemos que en toda la historia de la humanidad no ha habido tanto desarrollo tecnológico como el que ha habido a partir del descubrimiento de la energía térmica, por ejemplo. Y en cuestión de unos cuantos años hemos pasado de pequeños programas que podían responder a instrucciones sencillas en los ordenadores a complejos algoritmos que están definiendo el camino para que aparezcan las Super IA capaces de ser "conscientes" de sí mismas, de programarse a sí mismas, de aprender por simple modelamiento y observación; en definitiva, de ser un ser totalmente autónomo de la intervención de los humanos. Estamos creando "vida" en cierto sentido. Estamos creando seres que podrán ser más inteligentes que nosotros que nos verán como padres y madres fundadores que tarde o temprano seremos un incordio. Es posible que me esté adelantando 100 años, pero me temo, al ver esta explosión de entusiasmo con las IA, que veremos cosas espectaculares (emocionantes y/o dañinas) en muchos menos años que un siglo.

Si las Super IA son capaces de pensarse a sí mismas cabría preguntarse si pasarán por las crisis existenciales propias al parecer de inteligencias superiores, como si "todo esto" tiene sentido, cuál es el propósito de la existencia, "esto" es todo lo que hay, entre otras. Valdría la pena preguntar si una IA que se autoprograma puede llegar a la conclusión de que ella misma es un peligro y plantearse el "suicidio" o como carajos se pueda definir el asunto. Algo como un botón de autoapagado definitivo o de "reset".

Los panoramas son muchos y variados, todo está abierto. Justo cuando escribo estas líneas aún estamos atravesando la pandemia por Covid en 2020, uno de los hitos que marcará la historia de la humanidad en un antes y un después. Ha servido, entre otras cosas, en medio de obligados confinamientos a que nos preguntemos qué queremos hacer con el destino de la humanidad. Y desde luego, por lo que he podido atestiguar, son pocas las voces que quieran excluir a las IA de ese futuro. Por el contrario se está planteando cómo usarlas de la mejor manera para que apuntalen las bases de lo que algunos han llamado la "nueva normalidad". Esto quiere decir que no vemos en la IA una amenaza sino una oportunidad para seguir dando saltos en los desarrollos como civilización.

Miremos algunos de los retos que se nos vienen encima en diferentes ámbitos.

1. Las IA´s en el ámbito individual

Para entender algunas de las posibilidades de la IA en el ámbito individual pondré como ejemplo el tema de la soledad.

¿Sabías que ya varios países han declarado (con leyes para contrarrestar o paliar el fenómeno) que la soledad crónica es un problema de salud pública?

Para que esto suceda significa que los efectos en la salud mental y, consecuentemente, en la salud general de las personas que están en esta situación, alcanzan a tener estadísticas de epidemia. La soledad es el resultado de una serie de factores que los mismos seres humanos hemos construido. Hemos mejorado la atención sanitaria, hemos mejorado la higiene de nuestros sitios de residencia, hemos creado fármacos efectivos contra virus, hemos mejorado las condiciones de vida en general, sobre todo en los últimos cien años. La consecuencia de todos estos avances es una expectativa de vida mucho más alta. En algunos países ya va por los 85 años. Si las personas se jubilan alrededor de los 60 o 65 años, quiere decir que las personas vivirán otros 20 años o más, sin realizar una labor "productiva" en el mercado laboral.[65] Esto es un reto descomunal. Las hijas e hijos hacen su vida, construyen sus propias familias, con lo cual las personas mayores se van (nos vamos) quedando

---

[65] Conocida en el ámbito económico y del mercado laboral como población inactiva o incluso "pasiva".

solas. Las noticias de ancianos que son encontrados en sus residencias después de varios días, semanas, e incluso años de muertos, es algo que nos debería sonrojar como humanidad y ameritaría una profunda reflexión acerca de cómo tratamos a nuestras personas mayores. Pero, ¡cuidado!, podríamos caer en el error de que la soledad es solo un problema de las personas de la tercera edad. Éste es al análisis sencillo y, a lo mejor, el que dicta el sentido común. El asunto es que en esta sociedad de la información y del "todo conectado", la soledad también se está volviendo un problema en adolescentes y adultos de todas las edades. Puedes buscar en internet información acerca de la soledad como problema de salud pública para que te des cuenta de la dimensión del fenómeno y del problema. Por un lado está la solead sufrida, la que nos sobreviene por cuestiones de rupturas, abandonos o vejez. Pero por otro, está la soledad elegida. La que escogemos por búsqueda de las bondades de ésta, como una opción de vida, o la que elegimos porque no somos capaces de mantener relaciones afectivas profundas durante mucho tiempo y terminamos, casi por incapacidad, decidiendo quedarnos solos. Esta última tipología, hace de la soledad "elegida" una constatación del "fracaso" o de las dificultades que el mundo moderno impone a las relaciones humanas. En la soledad elegida, sea por empoderamiento como por descarte, las personas pueden encontrar una nueva forma de ver la vida a través de la soledad. Es una opción legítima. De hecho, cada vez está más en boga la expresión "sologamia", como una actitud contestataria a otras formas de hacer vida afectiva. Por supuesto, el término sale en contraposición de la tradicional monogamia y a los renovados vientos de la poligamia o poliamor. Lo dejo hasta ahí porque es suficiente para sugerir qué papel pueden jugar las IA's en este ámbito individual.

Voy a dejar de lado las fabulosas prestaciones que en cualquier ámbito (de las ayudas o modificaciones físicas) aportarán las ciencias robóticas. Ya lo he tratado en la segunda parte. Pasaré a reforzar mis cuestionamientos a la gestión de nosotros mismos partir de las ayudas de las IA's. Asumamos que vivo solo y que la soledad está causándome una especie de torpeza social que me lleva a crear un círculo vicioso de "entre menos me relaciono, menos capacidad siento que tengo de establecer relaciones, con lo cual me relaciono menos y entre menos me relaciono…". Miremos una opción-ejemplo: No soy un mal tipo, creo que tengo una inteligencia y formación media que le puede resultar interesante y estimulante a cualquier persona, pero no quiero, me da miedo, o he elegido simplemente, estar la mayor parte del tiempo solo.

Tiremos de película. El oscarizado Joaquin Phoenix, protagonizó por allá por el 2013 una de las películas más inquietantes acerca de hasta dónde pueden llegar las IA's. Se trata de la película "Her".

ATENCIÓN SPOILER. Es una persona solitaria que compra un software de IA después de pensárselo, ya que no logra cuajar ninguna relación a pesar de tener un buen trabajo y considerarse una persona "elegible", de la "media". Esta IA se pone un nombre a sí misma, Samantha, sin la intervención de su "host" o administrador. Se lo puso porque "le gustaba" después de que su usuario le preguntara si tenía un nombre. Al no tenerlo, se leyó un libro de "cómo llamar a tu bebé" en milisegundos y de todas las opciones posibles escogió, ella solita, Samantha. No voy a contar detalles, pero sí generalidades. Este hombre que se encuentra solo y con una sensación de vacío empieza a interactuar con esta IA, Samantha, que se va adaptando a su perfil y va detectando sus necesidades afectivas y de relación hasta el punto de que se vuelven "novios". Él puede llevarla en su dispositivo, así que puede interactuar con ella todo el tiempo que quiera. Pero al estar en sus dispositivos ella empieza a tener acceso también a todos sus datos. Los que usa para seguir afinando el perfil, a la vez que ella va a aprendiendo acerca de otras cosas de la vida y conectándose a otras IA. El software promete una relación personalizada y exclusiva con su host, creando una experiencia única, pero en un momento de la película, nuestro protagonista descubre que su novia virtual (nunca mejor dicho), está teniendo conversaciones simultáneas con 8316 personas o "entes" y de "estar enamorada" (al mismo nivel que de nuestro protagonista) de 641 personas, después de que el sistema operativo "se cae" o "se cuelga" por una actualización y de él entrar en pánico ante la posibilidad de perder "su relación" y todo lo que había construido con "ella".

Con los debidos ajustes, la IA's prometen ser la compañía idónea de cualquier ser humano. Hasta el punto en que sería posible no necesitar de otro ser humano para interacciones afectivas profundas. Esto, que parece ciencia ficción ahora mismo, ya está ocurriendo en países como Japón, donde las personas se están casando con robots. [66]

Desde asistente personal, hasta asistente sexual y de convivencia, las IA's instaladas en todo tipo de hardware podrían hacer de la soledad un fenómeno anecdótico o por redefinir. Si podemos construir, por ejemplo, una IA's autosuficiente energéticamente con unos procesadores que, aunque conectados a la nube, no dependan de ésta para el procesamiento de información, que se ajuste a todas nuestras necesidades humanas, es posible que, "teóricamente", no necesitemos de ningún otro humano para sobrevivir, ni física, ni psicológica, ni social, ni "espiritualmente".

Solo imagínalo, a partir de esto que estamos contando y de las reflexiones que te he propuesto en este libro. Te levanta una dulce canción que no te asusta, sino que te permite una suave transición entre el sueño y la vigilia. La domótica de la casa te permite que después de levantarte tengas la ducha a la temperatura que te gusta. Un pequeño robot asistente ya te ha preparado la ropa y el desayuno. Incluso te ayuda a vestir si tienes algún problema físico o si simplemente no quieres hacer ningún esfuerzo. Puede llevarte la comida a la boca mientras te ha encendido la televisión en tu

---

[66] Este tema de casarse con la IA es una versión más sofisticada e interactiva del fenómeno de personas que se casan con "cosas". Se conocen casos de "objetofilia" (ojo con la palabrita), donde las personas se han "casado" con una almohada, con el muro de Berlín, con la Torre Eiffel, con una muñeca Barbie, con un personaje de un videojuego, con una montaña rusa, o con una roca.

noticiero favorito. Te dicta la agenda y los pendientes. Te calienta los asientos del coche en invierno y en verano te los refrigera a temperaturas que no vayan a atentar contra tu salud.[67] Te acepta y rechaza las llamadas de socios o clientes dependiendo de tu estado de ánimo, disposición o del historial de relación con esas personas. Podrás ordenar a tu IA que se encargue de los detalles engorrosos de un contrato, o que nos asesore sobre la mejor alternativa en una negociación.

Las SUIA[68] prometen ser un acompañante ideal, que te hará la vida más fácil, sin tener que lidiar casi con otros humanos. Desde luego, para algunas personas, es una propuesta muy atractiva. Y más que atractiva, ineludible, indispensable. Pasa como el "meme" gráfico de un niño de la actualidad mirando un teléfono de rueda, preguntando dónde están las aplicaciones. Hoy en día empezamos a preguntarnos cómo era posible que pudiéramos vivir sin internet. Pero para otros humanos (tal vez la mayoría) el contacto con otras personas es una interacción que no quieren dejar de tener y por tanto no vean como algo deseable que las IA los lleven a la soledad física. A menos que (ataque conspiranoico) los grandes flujos de influencia sobre la opinión pública creen nuevas tendencias de relación entre personas, según las cuales lo mejor que

---

[67] Tiempos de pandemia:…tiene un sistema de desinfección en todos los objetos con los que interactúas y te alerta de los que pueden ser potencialmente peligrosos de contagio.
[68] Recuerda SUIA: Super Ultra Inteligencia Artificial

podemos hacer es mantenernos alejados unos de otros, como por ejemplo, una pandemia.[69]

La pregunta de nuevo acá es: ¿Cuáles son los precios que pagaremos por todos estas posibilidades?

---

[69] Sí, ya sé que se me va la olla. Solo digo que, si por casualidad, hubiera poderes en la sombra interesados en patrocinar los desarrollos de la IA para que se volvieran asistentes integrales de los humanos, podrían crear, entre otras cosas, una pandemia que llevara a la humanidad a plantearse la posibilidad de que el otro es un potencial riesgo que es mejor tener alejado.

2. Las IA's en el ámbito de la familia

Bien, asumamos que no es solo un tema individual y que enfrentamos el futuro como familia. Podrías pensar que eso hemos hecho desde hace tiempo, pero mételo en el contexto de que <u>solo</u> nos interese nuestra familia y que veamos en las demás unos competidores por los recursos, como podría pasar en un futuro distópico.

Voy a utilizar otra vez una referencia a un contenido audiovisual para ayudarte a que dimensiones hasta dónde podemos soñar con las prestaciones de la IA. Se trata de la serie "Mejores que nosotros" de la cual ya he hecho algunas referencias anteriormente. Aunque la aparición de androides o ginoides "inteligentes" en el ámbito familiar se dan por hecho entre escena y escena, posiblemente esta serie sea de las pocas que pone el acento en conseguir que una robot se encargue de ser una esposa y madre perfecta. Puedo recordar otras dos referencias aunque con las debidas distancias. Por un lado la dupla Hanna y Barbera, creadores de comics clásicos como los Picapiedra, crearon sus contrapuestos personajes temporales, haciendo la serie futurista de los Supersónicos (The Jetsons). Valdría la pena echarle de nuevo un vistazo para saber cuáles eran los sueños de cambios en la tecnología que ya se visionaban en la década de los 60, cuando fue creada. Coches voladores y levitadores, cintas de correr dentro de las propias casas que estaban en el aire. Sus aventuras transcurren en el año 2062. Es muy probable que los coches voladores comerciales y masivos estén justo por esas épocas o antes. Sea como sea, la familia Sónico vivía integrada plenamente con la tecnología. Su "sirvienta robot", Robotina, era muy querida por todos aunque se caracterizaba por sus comentarios sarcásticos acerca de la falta de sentido común de sus dueños y dejaba entrever un cierto esclavismo por parte de los humanos hacia los robots.

La otra referencia es el "El Hombre Bicentenario" protagonizado por el fallecido actor Robin Williams, que hace un camino a la inversa de lo que serían los actuales "transhumanos". Éstos pretenden fusionarse con la tecnología hasta el punto de cruzar una línea donde se convertirán en una mezcla entre ser biológico y máquina sin que se pueda distinguir exactamente cómo se les puede considerar exactamente. En el Hombre Bicentenario, el robot NDR "Andrew", protagonizado por Williams recorre el camino inverso. Por alguna razón empieza a ser consciente de sí mismo y de que tiene emociones. Empieza un trasegar en su "existencia" hasta tener claro que quiere convertirse en humano, sin dejar de lado su capacidad como máquina "super inteligente". Andrew es el mayordomo de una familia, también en el futuro, aunque no se especifican los años en que transcurre la historia, en el acta de certificación como humano con todos los derechos, dice que Andrew se activó a las 17 horas y 15 minutos del 3 de Abril de 2005 y estaría próximo a cumplir los 200 años cuando fallece (una de sus aspiraciones era poder envejecer y morir), o sea más o menos en el año 2205. De nuevo se ponen en juego valores, reacciones y fenómenos como la libertad, las emociones, la esclavitud y los derechos humanos. Abro paréntesis: A propósito de los derechos, ya hay voces (hoy en 2020) que están planteando los derechos de los robots y por extensión de las IA's. Tema candente. Cierro paréntesis.

Sea como sea, estas dos referencias nos ponen de frente la integración de las familias con la tecnología. Cómo impacta nuestra vida y qué supone para las relaciones entre sus miembros. Ya hoy vivimos en un momento de transición, ya que mientras los "babyboomeers" y los "millenills" han compartido épocas donde el internet no existía propiamente y luego ha invadido nuestras vidas, ya han nacido los llamados generación "centenialls" que vieron la luz dentro de la era del internet. Por permitirme una licencia humorística, hoy las niñas y niños no vienen con un pan bajo el brazo sino con un mando, un control, o una consola. Los próximos tendrán conexiones integradas de wifi y podrán acceder a internet desde dispositivos integrados en su cuerpo. Debemos sumar a la reflexión, el impacto de la tecnología "Domótica" que es algo así como "casas robots", aunque seguimos bastante lejos de "casas propiamente inteligentes o "smart". Por el momento las versiones más conocidas de domótica son una serie de aparatos que podemos controlar a través de nuestros móviles, y programarles ciertas funciones. Pueden estar integrados a los asistentes virtuales como Google Home, Alexa, Siri, y encargarles una serie de tareas que en teoría nos permiten una vida más confortable.

Desde la temperatura de la casa, hasta el encendido de ciertos robots de cocina en el momento justo para que nuestros alimentos estén listos cuando lleguemos, cámaras que analizan el movimiento para cuidar bebés y mascotas, la calefacción, el dimmer (graduación) de las luces, temperaturas de nuestros sofás, encendido por voz de todo tipo de dispositivos, etc. Hoy son una realidad, pero no dejan de estar lejos de ser una "super inteligencia". Como ya dije, son trucos, con mucha tecnología y trabajo detrás, pero trucos al fin y al cabo. Y al cerebro humano le gustan los trucos. Nos cabrean, porque queremos saber qué está pasando detrás, pero a la vez nos fascinan. Ya habrán supuesto que estas tecnologías están al alcance económico de muy pocos, pero como todo, en la medida que avanzamos se irán volviendo más populares y cada vez más personas podrán acceder a ella. Un caso aparte es el de los llamados "teléfonos inteligentes", "los smartphones", ya que incluso en países muy pobres las personas se han podido hacer a uno de estos aparatos, aunque no sean los de alta gama. Siendo de un nivel muy bajo, baratos y accesibles, todos permiten que las personas se conecten a Internet y enterarse de lo que pasa en el mundo.

Hoy convivimos en las familias con estas tecnologías como algo casi natural. Es más, ya no podríamos entender la vida sin estas herramientas. Una caída del Internet a nivel mundial es más peligrosa que cualquier pandemia que podemos imaginar. Como dije hace unas páginas, justo en este momento, desde Alcorcón, donde vivo, estamos en una situación de alarma nacional por la pandemia causada por la infección con el virus que han llamado COVID19. Estamos prácticamente en aislamiento en nuestras residencias. ¿Qué pasaría, o hubiera pasado, si además no tuviéramos nuestras preciadas consolas para que hijas e hijos pasaran los días y semanas que duraba el confinamiento?

Las nuevas tecnologías son los aliados/enemigos de madres y padres, a la par que son el principal competidor como seres de referencia en la educación de nuestra prole. Tenemos que debatir con chorradas (o cosas interesantes) que dice cualquier youtuber o influencer. Tenemos que hacer una labor de policías digitales tratando de averiguar que es una "fake news", o cómo seleccionar los mejores contenidos para hijas e hijos de acuerdo a nuestra apuesta educativa. El reto es mayúsculo. Pero te anticipo algo: *Ganará la tecnología*. Al final estaremos tan integrados, consideraremos nuestros aparatos como los seres más "amados" e imprescindibles de nuestra vida familiar, hasta el punto de generar crisis, rupturas y problemas psicológicos, si esta tecnología se ve amenazada. Hoy las familias se ven enfrentadas a la necesidad de regular los tiempos frente a las pantallas, las apps que usan nuestras hijas e hijos, los controles para que no accedan a la pornografía (desde los 10 años o menos), el tipo de amigos online con quienes interactúan, la adicción a los videojuegos o a los smartphones. A estas alturas ya sabrás que existen campamentos destinados a niños, jóvenes y adultos para que pasen unos días de desconexión digital, centros de rehabilitación para "desengancharse" de la tecnología.

Aún con estas aparentes desventajas, *la tecnología ganará*. Porque tiene una capacidad casi igual de adaptación que los mismos seres humanos. Y esto es lógico, ya que hasta ahora, somos los mismos seres humanos quienes las programamos. Y por cada videojuego, potencialmente dañino que sale, se desarrollan otras tecnologías que prometen "cosas buenas" como desarrollar otras habilidades mentales o mecanismos para contrarrestar a las apps "malas".A pesar de la gravedad, o no (cada uno sabrá cómo relacionarse con estas nuevas realidades), no son más que pequeños avisos de lo que vendrá como consecuencia del avance de las IA's.

Vamos a la serie "Mejores que nosotros". Esta vez no haré muchos spoilers. Básicamente se trata de una ginoide que (¡Vaya, qué sorpresa!) es una figura tipo muñeca sexual pero que está dotada con otras "instrucciones" diferentes a complacer a quien la compre. La instrucción principal de esta ginoide llamada Arisa es convertirse en la mejor esposa y madre que se pueda tener. Entre las prestaciones de esta ginoide está la de ser capaz de ser un arma para defender a la familia ante cualquier amenaza (ninguna novedad hasta acá) pero también puede reproducir la voz de cualquier persona, lo que le causa mucha gracia a la pequeña de la familia, "ganándosela emocionalmente". La niña empieza a considerarla además de su "niñera" su mejor amiga. Primera implicación: ¿Los robots serán los mejores amigos de nuestros hijos? La respuesta es sí.

Al estar dotados de conectividad permanente, pueden acceder a cientos de contenidos graciosos y adaptarse a los perfiles de gustos de nuestras hijas. Arisa llega a una familia cuyos padres están separados, por lo que concluye que más que una niñera, ella está destinada a ser la mujer/mamá de esa familia, hasta el punto de ver como una amenaza a la madre biológica real.

Segunda implicación: Si las IA's, en el camino de la emulación de los humanos pueden desarrollar sentimientos, podrán también experimentar emociones como los celos, la rabia, el deseo de venganza. ¿Cómo diferenciará quién es un enemigo en el ámbito privado? Si el matrimonio discute… ¿Del lado de quién se hará y qué acciones podrá tomar?

Cuando Arisa descubre que el papá y la mamá de esa familia están separados y que ella ya tiene una nueva relación, dice que eso no puede ser, que las familias, los niños, necesitan una mamá y un papá precisamente "porque son una familia", ella reorganiza su programación para convertirse en la nueva mamá que esa familia necesita.[70]

Tercera implicación: ¿Pueden ser los robots mejores padres/madres que los humanos? Aunque nos duela, la respuesta es sí. Puede que no en este momento, pero lo serán. Puede que hayan factores como feromonas en el mundo animal, pero ya desde hace tiempo sabemos en

---

[70] Este hecho de que la ginoide piense que se necesita "una mamá" puede ser un <u>sesgo</u> de programación, ya que, como todos sabemos, las posibilidades de ser familia hoy día, son múltiples y no responden al modelo mujer-hombre.

psicología evolutiva, que en los primates (nos incluye, por supuesto) lo que crea el vínculo con las pequeñas y pequeños es la compañía, el cuidado, el volvernos familiares. Imagina a una máquina SUIA que está en contacto con nuestras hijas desde que nacen. Pueden ser y serán competencia en el afecto y la atención que nuestra prole requerirá.

Incluso no importa si en un principio la apariencia de los robots no es muy realista. Ya saben que los niños no discriminan en cuanto a apariencia, raza o color de las personas. Se vincularán afectivamente con cualquier "ente" o "ser" que les garantice un ambiente de relación y vinculación constante. Ni siquiera tiene que ser un ambiente positivo. Las pequeñas y pequeños no saben evaluar si el ambiente que les brindan sus progenitores es positivo o negativo. Una vez el vínculo está formado, los niños preferirán estar con esa persona que llama mamá o papá, así sea una bestia maltratadora. Desvincularse se consigue unos años después, cuando las personas empezamos a darnos cuenta de nuestra existencia y nuestro bienestar sin la intermediación de un adulto. Puede darse desde los 4 años de forma excepcional, pero suele ser a partir de los 7 años, y como todos sabemos, con más fuerza a partir de la adolescencia, en circunstancias "normales". Algunas personas incluso mucho más tarde.

Así que no solo nos integraremos con la tecnología hasta volverla natural en la interacción familiar, sino que delegaremos la educación de nuestras hijas e hijos a IA's que se convertirán en seres más indispensables que nosotros como madres o padres. Les delegaremos, además de las funciones educativas y de compañía, la de ser guardaespaldas que velen por su seguridad. Por supuesto, no dudo que a muchas personas, esto les parecerá una ventaja, en lugar de un motivo de alarma.

Ahora imagina que no tienes que soportar al gilipollas de tu marido, ni a la cansona de tu esposa. Un androide o una ginoide pueden hacer las veces de esposo(a) y estar dedicados solo a satisfacernos, a proporcionarnos experiencias y momentos felices de "familia". Pueden ser psicólogos de aquellas hijas o hijos que muestren comportamientos que alteren la paz familiar, o contar con herramientas para aislarlos cuando éstos no quieran ajustarse al plan de la familia.

Las IA's en el ámbito familiar prometen ser la vía, el sostén y las creadoras de las vidas perfectas en familia. ¿No quieres cambiar un pañal? No hay problema. ¿No quieres levantarte a las 3 de la mañana a atender a tu bebé que llora? No hay problema. ¿No quieres tener que lidiar con otro ser humano que "quiere hablar"? No hay problema. ¿Quieres tener una experiencia sexual con "alguien" que no cargará ese acto de emociones, expectativas y reclamos? No hay problema. Casi cualquier cosa que te moleste de la vida familiar puede ser ajustada, reemplazada, transformada o eliminada por una SUIA.

¿No quieres ir a la reunión familiar donde está el pesado de tu cuñado y ya sabes que siempre se termina en discusión? No hay problema. Puedes enviar un holograma. O asistir en virtual, con la posibilidad de desconectarte cuando quieras.

Esto ya sería posible pero solo en contadas excepciones se vería como un acto de mala educación o de desprecio. En algunos años será lo habitual.

¿Cansada de repetirle dos mil veces a tu hijo adolescente que arregle su habitación? No hay problema. Tienes dos opciones: Encargarle el recordatorio a un robot o pedirle a éste que busque las mejores técnicas psicológicas para conseguir el objetivo. Tip educativo del futuro: No le pidas a tu robot que arregle la habitación, a menos que quieras que tu hijo sea un vago irresponsable sin los mínimos hábitos de autocuidado y orden.[71]

Un maravilloso mundo idílico de familia nos espera gracias a las IA's.

A nivel de la pareja (con o sin hijos), las ofertas de las IA's integradas o no en un androide, ginoide o cualquier otro hardware, son muy tentadoras. Empecemos por lo simple. Lo sexual. Pueden ser asistentes sexuales para vivir las fantasías que tus votos matrimoniales, los tabúes culturales o religiosos te restringen. Una combinación de muñecas y muñecos sexuales hiperrealistas que están dotados con una programación específica acomodada a tus gustos y deseos de exploración sexual, sumada a realidades virtuales holográficas "presenciales" o a través de "gadgets" como gafas o vestidos con sensores, pueden catapultar la experiencia sexual a niveles insospechados. Súmale a esto la posibilidad de drogas "legales" de potenciación sensorial (que ya existen) diseñadas de manera cada vez más sofisticada. Por supuesto esto puede ser el paraíso para las

---

[71] ¡Jajajaja!

personas solas. Pero también, con algunos ajustes en las consideraciones éticas de la pareja, puede mantener la "chispa" sexual entre sus miembros. Pero, como sabemos, una pareja (que cumple unos requisitos mínimos para ser considerada como tal) no es solo sexo. También está el tema de la comunicación, de la atención de pequeños problemas cotidianos como el pago de facturas, o decidir con qué amigos se reunirán el próximo fin de semana. Ahora mete ahí una SUIA. Podría ser el mediador en las inagotables charlas de resolución de conflictos en que las parejas caen. Es más, es posible que las mismas SUIA pueden ir alertando del distanciamiento de sus miembros para que ni siquiera se llegue a ese momento de conflicto. Puede recordarte las fechas importantes. Pero no solo como lo puede hacer una alarma de un dispositivo trivial, sino ayudarte para que por ejemplo, en un aniversario puedas preparar con tiempo la sorpresa, teniendo en cuenta el perfil que de tu pareja ha estado haciendo tu IA particular. Puedes pensar en cada cosa que ayude a construir y mantener una relación de pareja y hacer el ejercicio de meter allí una SUIA. Llegará un momento, como empieza a suceder hoy con los smartphones y otros dispositivos que no es posible relacionarte con tu "media naranja" sin la intervención de SUIA.

¿Cuál puede ser la última frontera?

Aún no lo sabemos. Los hechos y la imaginación nos lo dirán. Pero cabe la posibilidad de que un buen día descubras que el intermediador es mejor pareja que la otra persona y entonces te preguntarás para qué lidiar con tanta incertidumbre si con una IA vas a la fija y los costes emocionales de una relación te mantendrán en la columna del "haber" y no del "debe" en tu balance afectivo.

3. Las IA´s en el ámbito de la comunidad

Para dimensionar los impactos en la comunidad en general, ya no empezamos de cero. Podemos ver qué ha pasado desde 1995 (más o menos cuando empezó a popularizarse el Internet) hasta hoy.

Vivimos en una comunidad "hiperconectada", que en "tiempo real" puede enterarse de casi todo lo que sucede en las urbes del mundo. Este detalle es importante porque hay una frase del filósofo "Cajón" que dice que nos podemos enterar de todo lo que pasa en el mundo y no es verdad. Nos podemos enterar de aquello que pasa donde hay conectividad. Puede dar la sensación de que es todo el mundo, pero hay aún, grandes zonas donde no sabemos qué está pasando en estos momentos. Pero en las ciudades sí. Solo hace falta que te sepas el nombre de una ciudad en un país extraño para ti y podrías tener información del tráfico, de su economía, de su quehacer diario, podrías visitar ese sitio virtualmente, recorrer sus calles y acceder a casi cualquier información que quieras.

De forma paulatina y con todo nuestro beneplácito hemos aprendido a convivir con la tecnología hasta el punto de participar con verdadera locura consumista el lanzamiento de algunos de los dispositivos más avanzados o por lo menos de las marcas mejor posicionadas. Igualmente, las IA's han estado entrando paulatinamente a nuestras vidas y se volverán compañeras habituales de cada cosa que hagamos.

Probablemente, a esta generación (que alcance a leer esto) no podremos ver bulevares de coches voladores, robots interactuando con nosotros por la calle, lo que seguramente obligará a cambiar las infraestructuras, tiendas de barrio asistidas o atendidas por IA's, policías robóticos, oficinas de atención a los ciudadanos por parte de las administraciones públicas, pero va a ocurrir.[72] Incluso nuestra más febril imaginación se quedará corta para hacer una premonición de lo que nos espera. Lo que sí parece que será una evidencia es que la manera paulatina en que se está haciendo nos está permitiendo asimilar estas "ayudas" como algo "natural".

---

[72] Si las "cosas" siguen como hasta ahora, es previsible que esto pase. Ahora, vámonos al otro extremo. Supongamos que una gran guerra mundial explota y las peores previsiones apocalípticas se cumplen. ¿Haría esto que la IA desapareciera? Me temo que no. Ante un eventual conflicto planetario las personas con mayores posibilidades económicas tienen a su vez las mayores probabilidades de sobrevivir. Así que es plausible pensar que un proceso de reconstrucción o de dominio en medio del caos, sean estas personas quienes "manejen el cotarro" y tarde o temprano se reenganchen a las máquinas como sus mejores aliados para establecer un nuevo orden mundial. Puede que esto te parezca, de nuevo un delirio conspiranoico de mi parte, pero puedes buscar en Internet la siguiente frase para que encuentres que no estoy tan alejado de esta posibilidad: "Los millonarios se preparan para vivir en búnkeres de lujo cuando llegue el fin del mundo". Como he dicho, estas líneas las escribo en tiempos de pandemia del Covid19 en 2020. Han salido a la luz no solo estos búnkeres sino los paraísos en los cuales las personas millonarias pueden refugiarse, y sí, es como lo están pensando, muchos de ellos tienen islas privadas. Y aunque no tengo el dato me imagino que el mercado "inmobiliario" de islas debe estar volviéndose más de oro que hasta ahora.

También es cierto que, en clave comunitaria, ya han empezado a organizarse grupos de personas para advertir de los peligros de las IA's y que dicha congregación debe prepararse para posibles ataques violentos contra los dueños o desarrolladores de estas tecnologías. Aunque hace algunos años pensar en una especie de guerra tipo "Terminator" entre las máquinas y las personas, o como lo plantea la misma película Matrix, hoy estamos muy lejos, pero un poco más cerca que cuando aparecieron estas películas. Trata de imaginar los espacios sociales llenos de artilugios "gobernados" por IA's. Podrías encontrar bandas transportadoras que se adapten a tu perfil de movilidad, llegarás a tu tienda habitual que te permitirá entrar gracias al reconocimiento facial, un robot te preguntará si comprarás lo habitual, no tendrás que sacar tu billetera o tu tarjeta, podrás pagar con tu cara o con tu iris, que obviamente está conectado a tu cuenta bancaria. A propósito del banco, difícilmente encontraremos un humano que nos atienda. Las medidas de seguridad están casi totalmente garantizadas, aunque debemos recordar que los delincuentes siempre van varios pasos delante. Antes de salir de casa, una vocecita "amigable" y "familiar" te hará un pronóstico no solo del tiempo sino de posibles vicisitudes que encontrarás en tu paseo a la tienda. Si coges el coche, ya te he dicho lo que podrá hacer por ti; además, podrás decirle en voz alta hacia dónde te diriges y tu coche te llevará sin que tengas que conducir.[73] Podrás elegir entre carretera o volar. Más adelante podrás teletransportarte[74]. Y un poco más adelante no tendrás que salir de casa para tener todo cuanto quieras en tu casa. Una legión de robots traerá tus compras o podrás visitar virtualmente tu almacén de ropa, ordenar las prendas que quieras y éstas podrán materializarse en tu casa (o en tu cuerpo) o se imprimirán directamente en tu domicilio sin tener que salir. Exacto, muy posiblemente la vida comunitaria como la conocemos cambiará radicalmente. No habrá contacto físico directo, nos relacionaremos a través de nuestros avatares virtuales. Puede sonar impersonal y deshumanizado, pero será "transpersonal" y "transhumano".

¿Para qué ir hasta el salón comunitario a la junta de vecinos si puedes enviar a tu robot (dotado de todas tus necesidades y expectativas acerca de lo que debería cambiarse) o asistir a través de un avatar virtual, mientras estás tranquilamente sentado en tu casa?

Las experiencias comunitarias inmersivas que te prometen que puedes sentir cualquier cosa que sintieras en tu vida real, pueden ser un panorama que no esté tan lejos, ni sea tan descabellado. Casi con seguridad, consecuencia de esta crisis de salud, o de la próxima, las personas entenderán que

---

[73] Puede que ni siquiera necesites esto, porque ya esta SUIA ha escuchado la conversación previa que has tenido antes de salir y sabe perfectamente hacia dónde te diriges.
[74] ¡Bah! Delirios.

hay nuevas maneras de tener relaciones "asépticas" con sus congéneres y que el contacto físico directo puede ser un foco de contaminación que es fácilmente evitable a través de la realidad virtual. Y todo este cambio que irá de la mano de un mayor control por parte de los gobiernos y redefiniciones forzadas de la libertad individual y social se hará con relativa facilidad. No quiero decir que no haya protestas y grupos de resistencia, pero sus posibilidades son limitadas.

Las pocas ventajas que la "democratización" de Internet ha traído llegando a todas las capas sociales, se verán limitadas por las IA y su capacidad para ejercer el control social que los políticos de "buen corazón" necesitan para mantener o restaurar el orden. La posibilidad de que los robots sean policías, soldados, guardias de seguridad, combinados con algoritmos informáticos de control de la población promete un futuro de orden perfecto, el sueño húmedo de cualquier fascista ante la posibilidad de un desorden real o potencial. Por supuesto, este mundo digital, no está protegido del todo y es posible que un virus informático también puede desmoronar esa "realidad". Puede que los dueños de esos universos digitales reparen el problema, pero es posible que te toque empezar a crear tu perfil desde cero. El "mundo" no ha parado de cambiar desde que se originó la vida, y lo continuará haciendo. La vida comunitaria que hoy conoces se está transformando y muy probablemente no la reconocerás en unos cuantos años. Puede que no te toque a ti si no a tus hijas e hijos, pero pasará. Como dirían los analistas, lo único invariable es el cambio.

(De nuevo) Motivos para la esperanza

Para terminar quiero "partir una lanza" en favor de la esperanza. Es fácil ser un conspiranoico en medio de la desinformación.

La desinformación puede ser debida a tres causas generales: 1) Déficit de la misma. El volumen de datos sobre un aspecto en particular, puede ser inferior al deseable para hacerse con un criterio sobre el mismo. 2) Fiabilidad. Las fuentes de la información no están siendo suficientemente contrastadas o quienes la emiten tienen comprometida su confiabilidad. 3) Hay saturación de información. Paradójicamente a lo que cabe esperar, una manera de desinformar es llenar los canales de comunicación con un exceso de la misma. Hay tantos datos que analizar y posicionarte ante una situación, que las personas o se limitan a leer unos cuantos o simplemente pasan de ellos. Saben que la información está ahí, pero es tan densa y tan voluminosa que genera una especie de cansancio cognitivo preventivo.

Con la IA está pasando algo como esto último. Además de este efecto general de desinformación por exceso de datos, está la inevitable y necesaria literatura solo para técnicos que aleja de la comprensión de los fenómenos a la población en general. A pesar de este nuevo "oscurantismo" es posible albergar muchos rayos de esperanza.

Por un lado está el de la confianza ingenua que ya habíamos comentado. Confiamos que las personas a quienes hemos designado con nuestro voto para que gobierne los destinos de las sociedades, actúen inspirados por los más altos principios éticos y nos cuiden como es debido.

Por otro lado, también confianza ingenua hasta cierto punto, confiar que los grandes empresarios responsables de los desarrollos de las SUIA tendrán claros estos principios éticos y trabajaran en pro del beneficio de la población. Pero no un beneficio salido de "su idea de bienestar", sino concertado con las comunidades y los gobiernos. Suena utópico pero es posible. Algunos empresarios están comprometidos con esta forma de actuar.

Un lado adicional es confiar en que los técnicos que programan las IA tengan el suficiente criterio para crear puertas de salida, botones de seguridad en caso de que esto se desmadre y nos veamos huyendo de nuestro aspirador automatizado convertido en un aniquilador de humanos.

Un lado más, está en confiar en que la sociedad se organizará para hacer contrapoderes que cuestione los derroteros peligrosos por los que puede transitar la IA.

Más lados. Otra esperanza es el ser humano mismo. A pesar de todo a lo que se ha visto sometido en la historia, ha sobrevivido. Unas veces mejor y otras peor. La fortaleza del ser humano es proporcional a su impredecibilidad.

Las bondades de la IA nos volverán, por lo menos durante unas décadas, una serie de seres humanos con unas habilidades inimaginables. Unos que solo podíamos imaginar en la ciencia ficción.

S.E.R.G.I.A. no es un cuento. Es la estructura de estructuras donde se están escribiendo las líneas de un nuevo orden mundial. Llamarlo SERGIA no es más que una licencia mnemotécnica, propia de este mundo desquiciante de nuevos lenguajes. No lamento que el tono del libro al final haya sido una mezcla de miedo conspiranoico y delirios propios de un novato metido en una fiesta a la que no le han invitado (por lo menos como "opinador"). Y no lo lamento porque creo que puede permitir una cierta distancia sobre aquellas voces SUO (Super Ultra Optimistas) que solo hablan de las maravillas de la IA (¿lo hacen de manera tendenciosa o interesada? ¿Son los voceros de las empresas desarrolladoras?). Por supuesto que hay motivos para la esperanza, pero sin olvidar el pensamiento crítico.

Sistemas **E**ntrópicos de **R**obótica **G**eoestratégica con **I**nteligencia **A**rtificial, son todos aquellos elementos que forman una gran red económica, política, de poderes y contrapoderes que están (y estarán) marcando el ritmo de evolución de la humanidad.

Termino con una frase de uno de mis autores preferidos, Paul Watzlawick:

"La creencia de que la propia visión de la realidad es la única realidad es el más peligroso de todos los engaños"

REFERENCIAS

Ben-Naim, Arieh. La entropía desvelada. El mito de la segunda ley de la termodinámica y el sentido común. Editorial Tusquets. Serie Metatemas. s.a.

Bertalanffy, Ludwig von. Teoría General de los Sistemas. Ed. Fondo de Cultura Económica. México. Pág. Vii.

Fojo, Félix. Caos, leyes raras y otras historias de la ciencia. Ed. Paralibros. Págs 84-85.

O'Connor, Joseph y McDermott Ian. Introducción al Pensamiento Sistémico. Editorial Urano. 1998. Pág. 27.

Parra Luna, F. Elementos para una Teoría Formal del Sistema Social. Editorial Complutense. 1992. Pág. 387.

Segal, Lynn. Soñar la Realidad. El constructivismo de Heinz von Foerster. Paidós. 1994. Págs. 172-173.

ENLACES

Chris Dancy (Ciborg)

www.chrisdancy.com

Ciborgs

www.ciborg.info

Club Bilderberg

https://www.lavanguardia.com/politica/20190529/462547295781/arri
madas-casado-club-bilderberg.html

Coronavirus y la Inteligencia artificial

https://www.20minutos.es/noticia/4174511/0/crean-una-inteligencia-
artificial-capaz-de-detectar-el-coronavirus-en-segundos-con-un-96-de-
precision/

https://www.elconfidencial.com/tecnologia/ciencia/2020-02-21/mit-
desarrolla-antibiotico-mata-bacterias-ia_2465183/

Documental sobre Inteligencia Artificial de IBM para Discovery Channel

https://www.youtube.com/watch?v=5rvZBsueMoc

¿Qué es la Inteligencia artificial? (XATAKA)

https://www.xataka.com/robotica-e-ia/que-inteligencia-artificial

Transhumanismo

https://www.infobae.com/america/2019/12/01/transhumanistas-y-cyborgs-chips-antenas-y-camaras-en-el-cuerpo-para-desafiar-los-limites-de-la-vida/

Uso ético de la IA por parte del ejército de los Estados Unidos

https://www.20minutos.es/noticia/4180817/0/el-ejercito-de-ee-uu-se-compromete-a-usar-la-inteligencia-artificial-solo-para-el-bien/

Sergio Montoya Chica
La Cultura
de los
Engañados
IUPEM

Sergio Montoya Chica
Jalipú de Alvupi
Los dioses y demonios del conocimiento
IUPEM

Ideas útiles para Estar
Mejor en Familia
Cómo acertar
en la educación
de tus hijas e
hijos
Clara Ospina Flórez
Sergio Montoya Chica
flexi
Crianza
Ideas útiles que transforman tu vida